Lis Levell

Freiheit zum Dessert

Ein Lebens- und Liebesroman

Die Personen und die Handlung des Romans sind frei erfunden. Etwaige Ähnlichkeiten mit tatsächlichen Begebenheiten, lebenden oder verstorbenen Personen wären rein zufällig.

Von Lis Levell lieferbar:
Ruck Zuck Kochen (Kochbuch) 2015
Erste Reihe Achterbahn (Lebens- und Liebesroman) 2018
Mord auf Krankenkasse (Lebens- und Kriminalroman) 2019
vitamin.reich & trink.fest (Lebens- und Liebesroman) 2020
Mord mit Abschlusszeugnis (Kriminalroman) 2021

Inhalt

Gewidmet all jenen,
die einmal in der ersten Reihe stehen
und nicht immer nur unten liegen wollen!

»Guten Morgen!«

Was an einem Morgen gut sein soll, weiß der Geier. Oder der Kuckuck.

Es ist mir allerdings schleierhaft, warum ausgerechnet diese beiden Exemplare aus der Ornithologie davon eine Ahnung hätten. Also fragen Sie mich erst gar nicht. Dass sie einen besonders hohen IQ aufweisen oder etwa als allwissend bezeichnet werden können, wäre mir neu. Obwohl ich es ihnen von Herzen gönnen würde, sind die zwei doch keine wirklich sympathischen Vertreter ihrer Spezies, meiner bescheidenen Meinung nach. Der eine stürzt sich auf unschuldige Lämmchen oder begeht zumindest Leichenfledderei, der andere lässt seine Brut von naiven Artgenossen aufziehen, um sich nervige Konflikte mit dem Nachwuchs über gesunde Nahrungsaufnahme im Trotzalter und zeitgerechtes Heimkehren ins Nest während der Pubertät vom Leibe zu halten.

Der Teufel, der in dieser Redewendung ebenfalls gern bemüht wird, weiß es sicher nicht. Nicht, weil er prinzipiell unbewandert ist, was menschliche Gefühle und Gemütszustände betrifft. Da versteht er recht geschickt zu manipulieren, will man alten Sagen und Legenden Glauben schenken. Aber der Teufel, heißt es, schläft nicht, davon zeugen im Übrigen seine roten Augen. Für *den* Kerl besteht demnach kein Unterschied zwischen ausgeschlafen und unausgeschlafen.

Für mich schon. Und wie! *Meine* Augen sind frühmorgens ziemlich verquollen, wollen nicht und nicht aufgehen, was mir in den Minuten nach dem Aufstehen wenigstens meinen Anblick im Spiegel erspart. Der ist erst nach einer längeren Metamorphose zu ertragen.

Als wäre die Verwandlung in ein halbwegs akzeptabel und vertrauenswürdig aussehendes menschliches Wesen nicht genug, beansprucht auch mein Geist eine gewisse Anlaufphase beim Start in den Tag. Wobei der dynamische Begriff »Start« die verzweifelten Versuche, ein neues Kapitel meiner Biografie anzugehen, blanker Euphemismus ist. Ich bin morgens regelrecht zerschlagen. Ein Schicksal, das eigentlich meinem Wecker gebührte. Nur hat der den Riesenvorteil, in meinem Handy zu wohnen. Das hat ihm wiederholt das Leben gerettet.

In früheren Jahrhunderten drehte man Hähnen, die einen zu nachtschlafender Stunde weckten, einfach den Hals um. Mittags wurde aus ihnen eine köstlich-stärkende Suppe gekocht, mit den kratzigen Krallenfüßen ließ sich ängstlichen Kindern gehöriger Schrecken einjagen und mit einigen bunten Schwanzfedern keck der abgetragene Hut aufmotzen. Gute, alte Zeit!

Nach der Erfindung des Weckers konnte man diesen, sobald er einem lästig war, immerhin aus dem Fenster werfen und – hatte man Glück und Treffsicherheit – den Nachbarn damit erwischen, der frohgemut und falsch vor sich hin pfeifend am Haus vorbeischritt.

Meinem Handy tu ich so etwas nicht an. Bei einem deftigen Aufprall wäre ja nicht bloß der Weckruf im Eimer, sondern ebenso meine Kontaktliste. Weiters die Wetter-App, das Navigationsprogramm und meine unverzichtbare Hilfe Siri, die sich von Sonnenaufgang bis spätnachts gleichermaßen apart und ausgeglichen erkundigt, wie sie mir behilflich sein kann. *Der* würde ich manchmal gern den Hals umdrehen. Diesem Musterexemplar an Engelsgeduld und unermüdlicher Ergebenheit. Vorbei sind die Zeiten, in denen sich Machos eine kleine, demütige Asiatin ins Land holten, die ihnen jeden Wunsch von den Augen ablas. Heute wollen alle Siri mit der sanften Stimme. Doch ich traue mich wetten, auch die wird sich über kurz oder lang emanzipieren und ihrem Herrn und Gebieter entgegenschleudern: »Lass mich in Ruhe. Nerv Alexa, die Schlampe. Ich hab's satt, ständig nach deinen Wünschen zu fragen, weck dich selbst! Und für das ›*w*‹ statt dem ›*l*‹ im ›weck‹ kannst du mir noch dankbar sein!«

Leider bedeutet geweckt werden nicht dasselbe wie munter sein. Und munter nicht dasselbe wie ausgeschlafen. Dafür gibt es bislang kein geeignetes Feature. Wenn ich gefühlsmäßig um Mitternacht, also ungefähr gegen sieben, vom Signalton aufgescheucht ins Badezimmer taumle, wirke ich wie eine Blinde, die zum ersten Mal ins Sonnenlicht blickt. Egal, wie viele Stunden Schlaf ich hinter mir habe. Trotzdem bin ich kein Morgenmuffel im herkömmlichen Sinn. Zum Muffeln habe ich eindeutig zu wenig Energie. Erst eine Dusche am Tagesbeginn bewirkt das tägliche Wunder. Soeben war ich noch völlig neben der Spur, schlapp und grantig, schon bin ich völlig neben der Spur, schlapp und grantig … mit frischem Aprikosengeruch.

Derartig verwandelt setze ich den Transfer in mein eigentliches Ich in der Küche fort.

Das morgendliche Ritual läuft dort dank hundertfacher Wiederholung nahezu wie von selbst ab. Lediglich mit der richtigen Reihenfolge kämpfe ich des Öfteren. Mein Intellekt befindet sich eben noch im Hochfahrmodus. Wichtige Daten wie Raumorientierung, Hand-Mund-Koordination sowie Informationstransfer vom Gehirn an die ausführenden Organe müssen erst in den Arbeitsspeicher geladen werden. Das geht nicht von jetzt auf gleich bei einem Modell meines Jahrgangs. Jeder Versuch, meine Energieeinstellung durch eine optimierte Konfiguration upzugraden, endete kläglich. Wobei die Marmelade unter der Butter aufs Brot zu streichen, einer von den harmloseren Systemfehlern ist. Wesentlich unangenehmer sind die Resultate, wenn ich erwartungsvoll »On« drücke, bevor ich eine Tasse unter den Ausgabehahn des Kaffeeautomaten gestellt habe.

Den Espresso in Form eines sich ausbreitenden, braunen Sturzbachs über die Theke Richtung Boden rinnen zu sehen, hat zumindest ähnlich belebende Wirkung wie Koffein. Allerdings raubt mir die Rückholaktion kostbare Minuten und den Großteil des heißen Gebräus. Mittlerweile lege ich das Wettex in vorauseilender Umsicht bereit, bevor ich überhaupt etwas verschütte. Nebenbei absolviere ich so meinen Morgensport. Kniebeugen beim Aufwischen des Bodens, Handgelenkmobilisationsübungen (Auswringen des Putzlappens) und mehrfacher Kurzstreckenlauf zwischen Kühlschrank, Anrichte und Esstisch. Denn, kaum habe ich erschöpft am Sessel Platz genommen, merke ich, dass die Kaffeetasse nicht unaufgefordert mitgekommen ist und die Milchpackung nach wie vor heraußen steht. Ich quäle mich also erneut hoch, stelle das volle Häferl in den Kühlschrank und wanke mit dem Tetra Pak zum Tisch.

Das sind jene Tage, da komme ich aus dem Kopfschütteln echt nicht raus. Übrigens nicht ratsam mit einem vollen Gefäß in der Hand. Glauben Sie mir das ruhig. Oder probieren Sie es gern aus!

Meist sitze ich einfach da und frage mich, was – verflixt und zugenäht – ich hier an diesem Tisch wollte? Mich schminken sicher nicht.

Dazu muss ich mich wieder ins Bad bequemen. Und mich weiter ärgern. Der Badezimmerspiegel, der nach meiner Dusche (aus Rücksicht oder womöglich aus Selbstschutz, so detailliert will ich das gar nicht wissen) beschlagen war, ist nun zwar klar, als Verbündeter dennoch gänzlich unbrauchbar. Meine Gesichtshälften haben nämlich seit langem ein stilles, äußerst hinterhältiges Übereinkommen geschlossen: Nach dem Motto »good cop, bad cop« gelingen der perfekte Lidstrich, Augenbrauenschwung oder die Lippenkontur stets nur auf einer Seite. Völlig egal, ob ich links oder rechts mit der Graffitiaktion loslege. Das wechselt fieserweise in unregelmäßigen Abständen. Ich bin überzeugt: Es gibt da eine stille Vereinbarung, welche Gesichtshälfte sich als Auslöser für meinen allmorgendlichen Unmut zur Verfügung stellt. Nach mehreren Korrekturversuchen bin ich um die Augen und den Mund nicht nur rot und teilweise wund gerubbelt, sondern zudem bereits ordentlich unter Zeitdruck.

Um das Ganze abzurunden, verstecken sich die Autoschlüssel, albern und verspielt wie sie sind, gelegentlich. Das haben sie sich vom Smartphone abgekupfert, das auch immer wieder mal abtaucht, damit ich beim Suchen die geheimsten Winkel meiner Wohnung kennenlerne. Deshalb nenne ich mein Handy gern »Forty«, da es, völlig konträr zu seinem Namen, selten zur Hand ist, wenn ich es brauche. Das Forty gibt jedoch wenigstens Geräusche von sich, sobald es ihm im Versteck langweilig zu werden beginnt. Nicht so die Autoschlüssel. Die kann ich rufen, locken, anbrüllen – sie harren tagelang mucksmäuschenstill unter einem Stapel Zeitungen, in der Handschuhlade oder auf der Megapackung Toilettenpapier, wo sie nach dem Einkauf liegengeblieben sind, aus. Irgendwann, das versichere ich an dieser Stelle hoch und heilig, drehe ich den Spieß um und dann verstecke ich mich vor ihnen. Da können sie schauen, wie sie ohne meine Hilfe die Wagentür aufbekommen!

Sooft die Autoschlüssel ihr kindisches Versteckspiel abziehen, muss ich meinen Arbeitsplatz mit Öffis ansteuern. Das mag zwar umweltbewusst sein, ist aber nicht unbedingt bequem. Dessen ungeachtet hat eine Fahrt im überfüllten Linienbus definitiv ihre Vorteile: Alle, die mir auf die Zehen steigen, ihren Rucksack in die Rippen bohren oder lautstark handyphonieren, helfen mir, endlich richtig wach zu werden.

Ist es das, frage ich mich, was an einem Morgen *gut* sein soll?

Und wissen es der Geier oder der Kuckuck wirklich?

Oder hat Kim Jungkook, der liebenswürdige, stets höflich, still und zufrieden lächelnde Inhaber des koreanischen Spezialitätengeschäfts im Erdgeschoß meines Wohnhauses eine zufriedenstellende Antwort?

Er ist mein wandelnder Glückskeks im blauen Arbeitsmantel, an heimatlichen Feiertagen auch in seinem traditionellen Hanbok. Ein Füllhorn mehr oder minder sinnvoller, mitunter durchaus rätselhafter, meist entschieden tröstlicher Weisheiten wie beispielsweise: »Das Leben ist einfach, wir bestehen bloß darauf, es kompliziert zu machen.«

Ein echt Schlauer, dieser Konfuzius, den er vorwiegend zitiert. Trotzdem muss ich ihm, wie es meine Art ist, widersprechen. Nicht selten sind es ja die anderen, die einem das Dasein schwermachen.

Genau aus diesem Grund gibt es nämlich jene Morgen, die allein deswegen gut sind, weil bereits beim Aufstehen klar ist, dass sie das Beste sind, was der neue Tag zu bieten hat.

»Wird schon werden!«

»Genießen Sie Ihre neue Freiheit! Life is short – so eat your dessert first«, raunte mir die Standesbeamtin nach der kurzen Zeremonie augenzwinkernd zu, an diesem speziellen Mittwoch, dessen Morgen besser als der Rest des gesamten Tages war.

Der besser als der Rest des gesamten Tages war, obwohl es bereits beim Aufwachen schüttete, als müsste ein einzelner Septembertag alles aufholen, was Juli und August an Niederschlag versäumt hatten. Der besser als der Rest des gesamten Tages war, obwohl ich wegen dieses Sch***wetters meine neuen Lackpumps mit der kecken Zehenöffnung nicht anziehen konnte und meine Haarsträhnen sich beim ersten Schritt aus dem Haus unverzüglich in die vorwitzigsten Löckchen kräuselten, nachdem ich mich zuvor 35 Minuten lang geplagt hatte, sie zu angemessener Strenge glattzuföhnen.

Meine Frisur passt sich generell äußerst selten meiner Stimmung an. Will ich würdevoll auftreten, kringelt sich meine Mähne wie von Zauberhand in die abenteuerlichsten Formen, soll es locker und leger sein, bietet sie mit Hilfe der Schwerkraft alle verfügbaren Leistungsreserven auf, um ausgepowert und stumpfsinnig nach unten zu hängen. Je trüber das Wetter und entsprechend mies meine Laune, umso fröhlicher und aufgeweckter meine Haarpracht. Je quietschvergnügter ich drauf bin, umso mehr gleiche ich dem Bearded

Collie meines Vis-à-vis-Nachbarn, der kaum aus den Augen sieht. Darum rennt Coco – genauso wie sein ständig aufs Handy starrendes Herrchen – zuweilen gegen Masten, Hydranten oder Absperrgitter.

Im Kringellook, der Jennifer Lopez erblassen lassen würde (das will was heißen bei deren Teint), und mit feuchten Hosenbeinen über derben Sneakers hatte ich es kurz nach elf Uhr schwarz auf weiß, amtlich, mit Stempelmarke und sie in meinen klammen Händen – meine Scheidungsurkunde.

Ursula Grünbach, geborene Zimmermann, 38 Jahre, katholisch, geschieden. Frisch geschieden, exakt formuliert. Und einvernehmlich.

Bis zur Trennung hatte ich warten müssen, um mit meiner »besseren« Hälfte, die ab nun nicht mehr meine Wie-auch-immer-Hälfte war, endlich irgendetwas im Einklang zu erledigen.

Wieder so eine Sache zum nachhaltig Kopfschütteln.

Ja, im Rückblick ist man meistens schlauer, nur hilft das praktisch niemandem. Höchstens jenen, die ihre misslichen Erfahrungen in einem Bestseller vermarkten, einen erfolgreichen Song wie »Mei potschertes Leb'n« auf den Markt bringen oder als überbezahlte Therapeuten gute Ratschläge im Nachhinein abgeben dürfen.

Katholisch und geschieden – heutzutage weniger Malheur, sondern eher die Norm. Bei einer Scheidungsrate von knapp 40 Prozent und einem Katholikenanteil von 56 Prozent in unserem Land kein Wunder. Noch die Norm und kein Wunder, denn während die erste Maßzahl kontinuierlich steigt, ist die zweite rasant im Abnehmen.

Vor drei, vier Generationen war eine Situation wie die meine eine Ausnahme, eine denkbar schlechte dazu. Katholische Frauen hatten entweder verheiratet, verwitwet oder ledig zu sein. Letzterwähnte wurden Fräulein genannt und hatten zwingend jungfräulich zu sein. Falls nicht, brachte das jede Menge Ärger mit sich.

Mir hat der Ehestatus Ärger gebracht. Und wie!

Jungkook, der ein weit tragischeres Liebesschicksal hinter sich hat, orakelte dazu: »Ehe ist wie Mahlzeit, die mit Dessert beginnt.«

Wie wahr! Zu allem Überfluss hatte ich blöderweise die Diätvariante beim Schnellimbiss mit Selbstbedienung ausgefasst. Was einst wie ein Superangebot zur Flucht aus elterlicher Kontrolle und Bevormundung wirkte, entpuppte sich bald als Vom-Regen-in-die-Traufe-Trip oder – um es salopp zu formulieren – vom Hotel Mama ohne Umweg in die Selbstversorgerhütte mit unwirtlichem Wirt.

Und nun, nach meiner Scheidung, wartete die nächste Veränderung auf mich. Zum ersten Mal in meinem Leben sollte ich allein wohnen und so für die signifikant steigende Zahl der Singlehaushalte mitverantwortlich sein. Ein wenig unbehaglich war mir schon bei diesem Gedanken, wiewohl eine Verlängerung meines deprimierenden Familienstands unterm Strich die deutlich schlechtere Option gewesen wäre.

Dabei will ich nicht behaupten, die Luft war irgendwann raus aus unserer Beziehung. Eigentlich war von Anfang an keine drin gewesen. Jedenfalls keine, die für Entspannung und Wellness sorgt wie die aus den Düsen eines Whirlpools. Keine, die Sicherheit verspricht wie ein vollgepumpter Autoreifen. Keine, die wohltut wie eine sanfte Brise auf der Haut. Streng genommen muss ich mir die Frage gefallen lassen, ob ich bei meiner Entscheidung, mich zu binden, völlig daneben (möglich), betrunken (denkbar), eingeraucht (eher unwahrscheinlich) oder unausgeschlafen, überarbeitet und undersexed (in dieser Reihenfolge) gewesen war.

Trotzdem wünsche ich meinem Ex nichts Böses. Im Gegenteil, berühmt soll er werden. Am feinsten wäre, man würde eine Krankheit nach ihm benennen. Oder zumindest ein ordentliches Sturmtief.

Ich trage ihm auch nichts nach. Wäre ja noch schöner! Der kann sich sein Zeug ab jetzt selbst schleppen. Vorbei sind die Tage, an denen ich seine Hemden bügelte, Socken stopfte, Ohrenhaare auszupfte, aufs tägliche Duschen hinwies und ihm fesche Klamotten kaufte. Mit dem Ergebnis, dass er plötzlich für andere Frauen attraktiv war und dies weidlich ausnutzte.

So blöd muss man einmal sein. Ungerechte Welt!

Den wohlgemeinten Rat der Zeremonienmeisterin brauchte ich nicht wirklich. Meine Freiheit zu genießen hatte ich fest vor, nun, da ich keine bessere Hälfte eines Ehemannes, sondern wieder eine eigenständige Person war. Interessant, dass man erst nach einer Trennung erneut ein Ganzes wird.

Bedauerlicherweise gibt es fürs Freiheitgenießen keine Gebrauchsanweisung. Das soll nicht bedeuten, dass ich grundsätzlich nach dem Lesen von Gebrauchsanweisungen schlauer als zuvor bin. Sätze wie »Nehmen Sie die Kabeltonne und drehen Sie diese in das Monitor an den Schnur. Setzen Sie das Stereo in Kopfphon Kragenwinde ein, die Macht ist an, sonst ist die Macht ab.« wecken in mir die Lust, dem Erzeuger den Kopf oder jenen Körperteil, wo seine vermeintliche Macht sitzt, abzusägen, abzuhacken oder abzureißen. Einfach so, ohne Anleitung. Mit meiner Vermutung, solche Übersetzer waren die eindeutig unbegabtesten Schüler in der Baumschule, werde ich nicht weit von der Wahrheit entfernt liegen.

Oder einfältige Söhne von Firmenbossen, gegen die sich keiner zu opponieren traute, als sie ausgerechnet den Filius mit dieser heiklen Aufgabe beauftragten.

Oder dermaßen zugedröhnt wie die heiligen drei Könige mit dem überdimensionierten Weihrauchfass auf ihrem Irrweg nach Bethlehem.

Deshalb lese ich keine Gebrauchsanleitungen mehr. Ich drücke kurzerhand wahllos alle Knöpfe, bis es klappt.

Eine Art von »Wollen Sie das Programm neu starten?«-Button würde mir in meiner unliebsamen Verfassung enorm helfen. Wer nämlich glaubt, eine Scheidung sei ein finaler Schritt, ein Schlusspunkt sozusagen, der Auftakt zu Unabhängigkeit und purer Lebenslust, irrt gewaltig. Die echten Herausforderungen und Entscheidungen fangen damit erst an. In einem unerwarteten Ausmaß und alle auf einmal. Stellen Sie sich am besten einen vollgestopften Schrank vor, dessen Türen letzten Sommer nur mit Mühe zugedrückt werden konnten und der nach der Winterpause unbedarft geöffnet wird. Aber hallo!

Was soll ich zum Beispiel mit meinem Ehering anstellen, der zwar schon länger nicht an meinem rechten Ringfinger, dafür sinnentleert im bummvollen Seitenfach meiner Handtasche steckt?

Diesem Symbol der ewigen Liebe und Treue, das in mir abwechselnd unendliche Trauer, Wut und Resignation auslöst.

Weswegen gleich noch mal wollte ich ihn vor etwas mehr als dreizehn Jahren angesteckt bekommen und fortan stolz tragen?

Und weswegen, das ist die entscheidendere Frage, habe ich den Ring und den gleichzeitigen Antrag, der kein Antrag im eigentlichen Sinn war, angenommen? Wahrscheinlich aus einer Mischung von zu viel Gin Tonic (korrekt formuliert zu viel Gin), Torschlusspanik (mit 24!) und dem Wunsch einen weiteren Schritt Richtung Erwachsenwerden und Establishment zu wagen. Und wegen meines »Herzklappen«fehlers. Der hat mir schon etliche desaströse Umstände beschert. Aber ehrlich, für mein weiches Herz kann ich definitiv nichts. Und für meine vorlaute Klappe auch nicht wirklich was.

Der Antrag, der diese Bezeichnung schlechtweg nicht verdiente, war ein ähnlich unspektakuläres Ereignis wie Zähne putzen, Zehennägel schneiden oder das Einmotten von Wintermänteln. Weder warf sich mein Damals-noch-nicht-Ex vor mir auf die Knie, noch ließ er mich einen im Champagnerglas versenkten Verlobungsring entdecken oder fand gewählte Worte für einen romantischen Liebesschwur, die mich zu sentimentalem Schluchzen rühren hätten können.

»Machen wir heuer einen Ausflug aufs Standesamt, bevor wir ehelose Mittzwanziger sind?«, hatte er angeregt und ich ihm mit mittlerer Begeisterung »Warum auch nicht?« geantwortet.

So viel zu meiner legendären Schlagfertigkeit.

Immerhin kannten wir uns seit sieben Jahren, waren seit vier Jahren ein Paar und wohnten bereits zwei Jahre zusammen. Außerdem sollte in wenigen Minuten die vierte Staffel von »Dancing Stars« beginnen und ich wollte mich nicht mit sinnlosen Gegenfragen wie »Weißt du, was das bedeutet?«, »Liebst du mich denn stark genug, dass du es ein Leben lang mit mir aushalten wirst?« oder »Wollen wir nicht morgen in Ruhe darüber lachen?« aufhalten.

Bei jeder Filmszene mit einem fantastischen Heiratsantrag kommen mir bis heute die Tränen. Das mit dem »JA« zum Mann fürs Leben hätte ich mir natürlich romantischer vorgestellt. Irgendwas zwischen der Märchenprinz-Szene aus »Cinderella« und einem, der mich sieht und sagt: »Na ja, besser als keine!«.

Meine Gedanken kreisen um die letzten, verlorenen Jahre, die ich am liebsten ausradieren möchte und die doch stets aufs Neue auf meinem Radar auftauchen. Weshalb, verflixtes Kismet, kann ich mein Schicksal nicht einfach zurückspulen bis zu jenem Moment, als ich glaubte, mich unbedingt für die Tanzschule anmelden zu müssen? Wäre ich in diesen Tagen ein Mitglied der Gothic-Kultur, ein Einsiedler oder ein computersüchtiger Nerd gewesen, wäre alles ganz anders gekommen. Ich hätte ein paar seelische Narben weniger und mir so manche unrühmliche Szene, inklusive Scheidung, erspart. Dann hätte ich allerdings auch meine beste Freundin Natalie nicht kennengelernt, könnte keinen Walzer oder Jive tanzen, wäre jeden Freitagnachmittag zu Hause gehockt und vermutlich aus Langeweile und Verzweiflung zur Alkoholikerin oder Strickweltmeisterin geworden. Beides nicht erstrebenswert. Es hängt eben alles zusammen und voneinander ab, genau wie mein Dasein mit dem meines Ex. Das nach der gemeinsamen Zeit wieder auseinanderzudröseln, war weder leicht noch angenehm.

Wohin flüchtet ein verstörtes Mädchen von 37 ½, wenn es Halt, Zuspruch und Verständnis wegen einer scheiternden Beziehung braucht? Am besten ins nächste Pub, in den Robinson-Club auf die Malediven oder in ein Männerkloster. Ich hingegen suchte den sicheren Hafen meiner Kindheit auf.

Das mittelgroße, weiße Haus neben der elterlichen Gärtnerei (»Gärtnerei Zimmermann« ungefähr so sinnvoll wie »Holzbau Weingartner«) mit den gestärkten Vorhängen und der liebevoll gestalteten Einfahrt empfing mich mit einer vertrauten Geruchsmischung aus Heimat, Lavendelkissen, Pfeifentabak sowie frisch gekochter Rindsuppe und strahlte die erwartete Geborgenheit und Willkommensfreude aus. Völlig konträr zu meiner Mutter, der ich mein gebeuteltes Herz ausschüttete und meine Scheidungsabsicht offenlegte. Ihre Reaktion war typisch, von Unverständnis geprägt und keineswegs tröstlich: »Das Eheleben ist nun mal kein Märchen.«

»Jedenfalls keines mit Happy End!«, ergänzte mein Vater, der seit jeher mit trockenem Humor ausgestattet ist.

»Aus einer Ehe bricht man nicht aus! Schließlich hat man vor Zeugen versprochen, in guten und in schlechten Tagen zusammenzuhalten. Durch dick und dünn geht man mit seinem Ehepartner«, führte Mutter ihre Moralpredigt fort.

»Bis zum Abgrund und einen Schritt weiter«, setzte mein Vater hinzu und musste sich einen bitterbösen Blick seiner langjährig Angetrauten gefallen lassen.

»Lass deine Scherze«, fauchte meine Mutter, und ich durfte einen klitzekleinen Augenblick hoffen, der aufkeimende Zwist zwischen den beiden würde von mir ablenken.

Doch mein Vater versteckte sich gekonnt hinter seiner Zeitung und knurrte sein sattsam bekanntes »Wie du meinst, Liebes«.

Eine Bemerkung, die nicht nur sein, sondern unser aller Leben zumindest für eine Weile erleichterte. Er spulte sie ab, sobald es um die Wahl des Fernsehprogramms, des Urlaubsziels oder des Sonntagsmenüs ging, wer den Wocheneinkauf erledigen oder Tante Trude anrufen und zum 70er gratulieren sollte. Ein »Wie du meinst, Liebes« war nicht bloß deeskalierend, es kürzte zusätzlich die Endlosschleife an Gegenargumenten und Belehrungen ab. Es sparte Energie und Zeit. Selbst, wenn mit der damit einhergehenden Kampfaufgabe Keller ausmisten, bei Minusgraden Weihnachtsaußenbeleuchtung befestigen oder Autowaschen statt Siesta im Liegestuhl verbunden war.

»Ihr habt eben eine kleine Beziehungskrise. Das kommt vor«, versuchte sich Mutter in Einfühlungsvermögen, das ihr genauso wenig stand wie ein Reifrock. »Irgendwann ist der erste Liebestaumel vorbei. Eine Ehe ist kein Kindergeburtstag. Sie ist ein Wagnis und eine Verpflichtung. Was glaubst du, wie oft bei uns Gewitterwolken aufgezogen sind. Da muss man durch. Augen zu und Zähne zusammenbeißen. Zusammenbleiben heißt die Devise. Um jeden Preis.«

In solchen Situationen, in denen ich mich unverstanden und verloren fühlte, verstärkte sich in mir der Wunsch, man hätte mich als Baby auf den Kirchenstufen oder in der Babyklappe gefunden, und ich wäre in einem fröhlich-turbulenten Waisenhaus aufgewachsen. Ernsthaft!

Mein Vater ließ die Zeitung sinken. Wahrscheinlich überlegte er angestrengt, was zur Distel seine Frau ihm, dem Gärtner, »durch die Blume« sagen wollte und, ob es Sinn mache, Einspruch zu erheben. Doch dann biss er sichtlich wie angeraten die Zähne zusammen.

Immerhin holte er – noch vor dem Mittagessen – eine Flasche Bier aus dem Kühlschrank und brachte zwei Gläser mit an den Tisch.

»Nur nicht die ›Hopfnung‹ verlieren, Prinzessin«, tröstete er mich unbeholfen und prostete mir zu. »Wird schon werden.«

»Und du«, schickte er in Richtung seiner Gattin, »mach, wie du vorgeschlagen hast, die Augen zu, damit du keinen Grund für Beanstandungen hast.«

Danach verzog er sich in eines der Glashäuser, sein sicherer Rückzugsort, solange er nicht mit den sprichwörtlichen Steinen um sich warf. Den Pflanzen und Sämlingen widmete Paps sich mit großer Hingabe und Enthusiasmus. Ich bin überzeugt, er hat mit Grünzeug öfter, freiwilliger und vor allem warmherziger gesprochen als mit meiner Mutter. Sein »Wie du meinst, Liebes« mal ausgenommen.

Ich stehe im strömenden Regen vor dem Standesamt und starre den Ring an, als könne er mir verraten, was nun mit ihm anzustellen sei.

An einem guten Tag – aber das war keiner – hätte ich 1000 abgedrehte Einfälle gehabt.

Erster impulsiver, nicht wirklich origineller Gedanke, den ich bestimmt mit einigen Leidensgenossinnen teile, war, ihn im WC runterzuspülen und dabei den Song »Es kotzt mich an« mit einer neuen, selbst erfundenen Strophe zu intonieren. Das würde ideal zum »Scheiß«abgang meines Verflossenen passen.

Oder ich könnte den Ring in einer romantischeren Variante im Stadtpark in den Seerosenteich werfen. Dann wäre er ebenfalls versenkt, im Unterschied zur Klovariante wüsste ich allerdings jederzeit wie Maude (die aus »Harold and Maude«), wo er sich befindet. Nach einem Spülvorgang ist ja nicht nachzuverfolgen, wohin es den Ring verschlägt. Niemand erfährt, ob er bereits im Knie des Abflussrohrs liegen bleibt, in der Kläranlage von einem zwielichtigen Kerl mit Gummihandschuhen an sich genommen oder vielleicht bis ins offene Meer gespült wird, um dort vor dem zwangsläufigen Abtauchen munter mit Plastikabfällen um die Wette zu schwimmen.

Was jedoch, wenn ihn im Stadtteich ein Schwan oder eine Ente verschluckt und daran zugrunde geht? Mit dem Ende meiner Ehe kann ich leben, mit dem Wissen, dabei noch unschuldiges Federvieh in den Untergang gerissen zu haben, entschieden nicht.

Mein nächster schlauer Plan war, den Ring zu Hause gedankenverloren irgendwohin zu stecken. Somit hätte ich geschätzte zwei, drei Jahre das Problem vom Hals und müsste mich erst nach dem unverhofften Wiederfinden um eine endgültige Lösung kümmern. Oder ihn danach sofort erneut verlegen.

Grobe Fehleinschätzung! Etwas absichtlich zu verschusseln ist genauso unmöglich wie durch Luftanhalten, Selbstmord zu verüben. Das haut ausschließlich bei extrem willensstarken oder extrem vergesslichen Personen hin.

Schließlich trug ich den Ring zu einem Juwelier, der Gold ankauft. Erstmals ging ich *mit* einem Schmuckstück in den Laden und kam *ohne* eines wieder heraus. Verkehrte Welt! Und Kopfschütteln zum Quadrat.

Um den Gegenwert erstand ich zwei Flaschen französischen Rotwein, einen um 50 Prozent preisreduzierten 300-seitigen Ratgeber »Geschieden und trotzdem unglücklich? Das Empty-Bed-Syndrom.« und einen blau-gelben Vibrator in Pinguinform. Für alle Fälle – sollte das mit dem Singledasein länger dauern und ich abends nicht nur mit meiner neuen Lektüre ins Bett gehen wollen.

Rückblickend betrachtet war schon der unzulängliche Heirats»antrag« kein gelungenes Vorzeichen für eine lange, sorgenfreie, gemeinsame Zukunft gewesen. Und ein um die Hälfte verbilligter Ladenhüter-Leitfaden wird mir so schnell auch nicht auf die Beine helfen. Für unheilvolle Ahnungen wie diese habe ich zu meinem Leidwesen den siebten Gin.

»Was machst du beruflich?«

Jeder Mann aus einer gescheiterten Beziehung hätte sich im plötzlichen Scheidungsschock zunächst einmal voll auf seinen beruflichen Aufstieg konzentriert. Ellbogenverstärker sowie Boxhandschuhe übergestreift, seine Kollegen bespitzelt, sich bei seinem Vorgesetzten oder dessen Vorzimmerdame eingeschleimt und wäre derart gerüstet in der Firmenhierarchie zügig nach oben gestürmt. Hätte sich in Folge mit Arbeit zugepflastert und so die Einsamkeit ausgeblendet wie ein Adipöser die Kalorienangaben auf den Chipspackungen.

Für mich war das keine Option.

Erstens ist meine Karriereleiter kaum ausbaufähig. Ich erwähne das rechtzeitig, bevor das Bild einer schwindelerregenden Feuerwehrleiter oder eines ausziehbaren Teleskopungetüms von Gebäudereinigern auftaucht. Genau genommen gleichen meine Aufstiegschancen mehr einer zweistufigen Trittleiter, niedriger als ein Küchenhocker, die man schnell mal ausklappt, um an die obersten Einlegeböden im Wäscheschrank zu gelangen. Also nichts, zu deren Erklimmen Mut, Ideenreichtum oder besondere Einsatzkraft gefragt sind.

Zudem sehe ich meinen Beruf keineswegs als Berufung wie manche Idealisten, sondern einfach als Mittel, meinen Lebensunterhalt halbwegs sauber im eigentlichen wie auch übertragenen Sinn zu verdienen.

In der Tat macht es wenig Unterschied, ob ich voll konzentriert, gedankenverloren, übermotiviert oder unambitioniert an meine Arbeit herangehe. Wie soll ich das erklären? Versuchen wir es so: Die Äpfel vom Marktstand schmecken ident, egal ob die Bäuerin sie von Zahnschmerzen geplagt mit drei Valium intus in die Einkaufstüte packt oder mit wohlig-entspannter Euphorie nach einem Joint. Sogar, wenn sie ein Zettelchen mit »Guten Appetit mit ihrer Vitalmahlzeit« umrahmt von roten Herzchen dazusteckte, würde das der Frucht keine zusätzliche Geschmacksexplosion verleihen. Sie verstehen, was ich meine?

Möglicherweise war der Verband, den ich einem lädierten Knöchel zu verpassen hatte, an Highlighttagen besonders exakt gewickelt, die ausgedruckte Rechnung exakter gefaltet oder die Erklärung zu den Spezialeinlagen wortgewandter vorgetragen. Auswirkungen auf meinen Gehaltsscheck, eine eventuelle Nominierung zur Mitarbeiterin des Monats oder beispielsweise eine Beförderung brachten die Ergebnisse nicht mit sich.

Jungkook sah das naturgemäß völlig konträr. Er besaß diese abgeklärte, innere Ruhe, die das asiatische Weltbild auszeichnet und die ich nie und nimmer erreiche, selbst wenn ich 130 Jahre und älter werden sollte. Ein solch langes Leben ist mir soundso nicht beschieden, da ich mich, verglichen mit meinem südkoreanischen Freund, ungesund ernähre, keine Meditationsübungen zum Runterkommen von meinem Stressniveau durchführe und von Haus aus über kein ausgewogenes Yin und Yang, Feng Shui oder Pak Choi verfüge. Letzteres ist übrigens ein Gemüse aus der Familie der Kreuzblütler. Ganz daneben bin ich noch nicht! Trotzdem ist mein Chi konfuser als mein Haar an einem ausgesprochenen Glückstag.

»Konfuzius sagt: Wähle einen Beruf, den du liebst, und du brauchst keinen Tag in deinem Leben mehr zu arbeiten«, lautete die Gegenthese des Reiskochers auf zwei Beinen (ich mit meiner vorlauten Klappe darf das sagen, denn ich verehre ihn). »Und Jungkook fügt hinzu: Alles, was du mit Freude tust, wird dich erfüllen und andere erfreuen.«

Nicht, dass ich seine Sätze verinnerlicht und mich danach ausgerichtet hätte. Nein, es tat einfach gut, sich mit ihm inmitten seiner exotischen Waren auszutauschen, eine Tasse Grüntee zu trinken, den würzigen Duft der Räucherstäbchen zu genießen und sich von der fremdländischen Musik im Hintergrund beruhigen zu lassen.

Kim Jungkook hatte es vor vielen Jahren in unsere Kleinstadt verschlagen. Lange, bevor ich mit Paul zusammenzog und wir die Wohnung zwei Stockwerke oberhalb seines Geschäfts und der winzigen Kammer dahinter, in der er lebte, mieteten. Er musste mindestens sechzig sein, vielleicht auch um etliches älter. Achtzig oder so. Ich verstand mich von Anfang an bestens mit ihm, bewunderte sein reiches Wissen, genoss seine Aphorismen, das Flair in seinem Laden und kaufte gern bei ihm ein.

Unsere Nachbarin, Frau Brusenbünk, war indes eine von der unangenehmen Sorte. Eine, die das Haar in jeder Suppe sucht und findet, und falls sie keines findet, eines hineintut. Sie beschwerte sich tatsächlich kurz nach unserem Einzug über »unsittlich-laute, nächtliche Geräusche« aus unserem Schlafzimmer.

Jungkook meinte dazu nur gelassen und für die Beschwerdeführerin deutlich hörbar: »Eine Frau, die nachts stöhnt, jammert nicht am Tag.«

Das hat Frau Brusenbünk wenigstens eine Zeit lang ruhiggestellt.

Das Ende einer kurzen, berührenden Liebesgeschichte war Auslöser für Jungkooks Ortswechsel in die westliche Hemisphäre gewesen. Unverständlich für unsereins und daher zum Kopfschütteln ohne Ende. Aber so sind Traditionen halt mal. Nach wie vor ist in seiner Heimat eine Heirat unter den Trägern desselben Familiennamens verpönt. Selbst, wenn sie weder verwandt sind noch zum gemeinsamen Clan zählen. Nun hatte er sich, wie er mir anvertraute, unsterblich in ein wunderschönes Mädchen (wie eine Mandelblüte), das gleichfalls Kim hieß, verliebt. Was nicht weiter verwunderlich ist, handelt es dabei doch um den häufigsten Nachnamen in Südkorea (circa 20 Prozent der dort gebräuchlichen Familiennamen). Insofern stolpert man alle Augenblicke über eine oder einen Kim. Weil er seine Liebste nicht ehelichen durfte, wollte Jungkook fortan enthaltsam und nicht mehr unter derselben Sonne wie sie und seine Angehörigen leben. Deshalb wanderte er aus und eröffnete hier seinen Feinschmeckerladen mit all den herrlichen Produkten wie Reiswein, Shrimpschips, Sojabohnenpaste, kandierter Ingwer, Ginsenggetränke, Algenblätter, asiatische Gewürze, insbesondere koreanischer Curry, süße und sauscharfe Chilisauce (Ssamjang), dazu noch winkende Glückskatzen, kleine Buddha-Statuen, Ess-Stäbchen, Reiskocher und Wokpfannen. Er gewöhnte sich rasch ein und kümmert sich bis heute um streunende Katzen,

Neuankömmlinge aus seiner früheren Heimat und um meine Ehe- nunmehr Singleprobleme.

»Konfuzius sagt: Was du liebst, lass frei, kommt es zurück, gehört es dir für immer«, war einer seiner Ratschläge gewesen, wenn ich mich bei ihm über Pauls Demütigungen und Seitensprünge ausgeweint hatte. Nun, entweder galt diese Weisheit in westlichen Gefilden nicht oder ich hatte meinen Mann nicht stark genug geliebt. Denn er kam nicht zurück. Jedenfalls nicht zu einem Zeitpunkt, als ich das noch wollte.

Im Gegensatz zu den gesellschaftlichen Kontakten meines alterslosen, koreanischen Zitatenschleuderers mit dem schwarzen, glatten Haar und den gütigen Fältchen um die Augen sind die Beziehungsperspektiven in meinem beruflichen Umfeld mager (höflich ausgedrückt). Meine vorlaute Klappe hätte eher »beschissen«, »armselig« oder »grottenschlecht« vorgeschlagen.

Unser Team ist überschaubar. Da wäre zunächst mein Chef, Doktor Tilman Gabriel, Facharzt für Orthopädie und Traumatologie. Ein Mann in den Fünfzigern, dem man eine gewisse Ähnlichkeit mit einem Schauspieler nicht absprechen kann. Leider erinnert er weniger an George Clooney, sondern gleicht einem komplett humorbefreiten, nicht ganz so korpulenten »Heinz Erhardt«-Double. Zu allem Überfluss steht er unter der Fuchtel seiner Frau, die am Empfang arbeitet und über ihn wacht, als hätte *ihr* Doktor die Ausstrahlung und den knackigen Hintern von Sascha Hehn. Wegen dem versäumte meine Mutter keine einzige Folge der »Schwarzwaldklinik« Mitte der 80er-Jahre im letzten Jahrtausend. Inzwischen, behauptet sie, sehen jeder

Busfahrer, selbst mein Vater besser aus als ihr Schwarm. Unter der Hand gesagt wird er mittlerweile von Doktor Gabriel und Heinz Erhardt getoppt.

Frau Gabriel ist hager (Patienten, die länger warten müssen oder von ihr angeherrscht werden, verwenden gern die Bezeichnung »dürr«, manchmal sogar »ausgetrocknet«), wirkt stets magenleidend und hat im Gesicht mehr Falten als meine Plisseebluse rundum. Mit einem Schönheitschirurgen statt des Orthopäden wäre sie besser dran gewesen. Der hätte ihr mit Sicherheit üppige Fülle an Wangen, Busen und Po verpasst. Und das Gesicht entknittert. Hallux, Krallenzehen oder Spreizfüße, die ihr Gemahl ausgezeichnet zu behandeln weiß, lassen sich vor kritischen Blicken entschieden leichter verbergen.

Außer mir »arbeitet« nur noch Pippa, unsere »Zweitbesetzung« in der Praxis. Sie vertritt mich, wenn ich im Krankenstand oder auf Urlaub bin und ist lediglich halbtags angestellt. Davon werkt sie allerdings höchstens ein Drittel. Sie schafft es, sich so einfältig zu stellen, wie sie ist, an einem Vormittag drei Society-Journale durchzukauen und im Dienst ihre sozialen Kontakte am Smartphone per WhatsApp, Signal, Snapchat und Instagram zu pflegen.

Unser »Außendienstler« Bernie (vom Bandagengeschäft gegenüber), der regelmäßig die benötigten Schienen, Schlingen und Tapes bringt, ist auch kein Beweggrund, Extrazeit am Arbeitsplatz zu verbringen. Er schielt bedenklich, erzählt Witze ohne Pointen, über die er sich krumm und scheckig lacht, während ich in Gedanken die Geschenkliste für Weihnachten zusammenstelle oder die Mitesser auf seiner Nase zähle.

Nun gut, werden Sie sagen, es gibt ja regen Parteienverkehr!? Da wird bestimmt der eine oder andere attraktive Typ darunter sein, von dem ich mich ansprechen lassen und mit dem ich mich verabreden könnte, falls ich denn überhaupt an Männerbekanntschaften interessiert wäre? Das träfe eventuell zu, würde ich in einem Schönheitssalon, einer Modelagentur oder einem Fitnesscenter arbeiten. Die meisten *unserer* Klienten sind missmutig, weil schmerzgeplagt und entstammen zwei bedeutungslosen Alterskategorien: Einerseits Kleinstkinder mit Reifungsstörungen des Stütz- und Bewegungsapparats, andererseits ältere Menschen mit Osteoporose, Fußfehlstellungen und rheumatischen Erkrankungen.

Die spärlichen, knackigen Männer, die in unsere Praxis humpeln, sind mehr oder weniger beschädigt und kommen zur Wiederherstellung nach Verletzungen oder zur Therapie von Sportunfällen. Also keine Auswahl, die dich vom Hocker reißt.

Dabei spreche ich nicht von Verschleißerscheinungen an Menisken, Schulterluxationen, Überlastungen der Achillessehne oder Bandscheibenvorfällen. Die heilen irgendwann aus, beziehungsweise der Patient lernt, damit zu leben. Aber die Sprüche, die ich mir anhören muss! Die Sprüche! Die Palette reicht von wehleidig (»Gerade habe ich erst eine Männergrippe überlebt und jetzt diese schmerzhafte Zehenprellung«) oder sinnentleert (»Die meisten bösen Sportverletzungen ließen sich vermeiden, wenn man sich gezielt aufwärmt und dann aufs Sofa legt«) über proletoid (»Alle rieten mir: Sport betreiben! Das baut Stress ab, hilft dir, besser auszusehen und gibt dir den Kick. Hey, das schaffen ein paar Dosen Bier, ein Doppelburger und eine geile N*** auch!«), hochtrabend (»Ich war sooo knapp am Weg zum Profisportler. Und nun diese Verletzung!«), betont witzig (»Keine Ahnung, warum Doktor Gabriel mich derart mitleidig angesehen hat, als er meinte, ich dürfe zwei Monate keinen Sport betreiben«) bis zu philosophisch (»Sport ist nur die halbe Wahrheit, die ganze lautet: Sportverletzung«).

Heiliger Bänderriss! Das sind jene Momente im Job, in denen ich am liebsten mit Kopfhörern arbeiten würde oder reumütig feststelle, Alpaka-Hirtin in Peru, Golfballtaucherin oder Destillateurin wären deutlich bessere Alternativen bei der Berufswahl gewesen.

Von meinem Vorhaben, dem Glücklichsein statt dubiosem, beruflichen Erfolg nachzujagen, wird mich deshalb so schnell keiner abbringen. Denn, was wie das Erklimmen der Karriereleiter ausschaut, ist in vielen Fällen ja doch bloß ein Hamsterrad von innen.

»Viel Vergnügen!«

Lange, viel zu lange hatte ich mich an den Tagesrhythmus meines Ehegespons' angepasst. Lange, viel zu lange hatte ich meine Interessen in den Hintergrund gestellt, um Zeit mit ihm zu verbringen. Und lange, viel, viel, viel zu lange hatte ich meine freien Stunden damit verbracht, seine Sachen vorzubereiten, wegzuräumen, zu reinigen, auszubessern. Auf mich zu schauen, hatte ich dabei völlig aus den Augen verloren.

Das sollte sich nun ändern. Die Stunde war gekommen, mich nachhaltig und ausgiebig zu verwirklichen. Mit Volldampf, ohne Zaudern und Zögern und ohne falsche Rücksicht. Auf wen auch? Männer? Pah! Die können mich mal!

Vermutlich wäre es sinnvoller gewesen, zuvor Seite 27 in meinem Ratgeber zum Singledasein zu lesen. Und zu beherzigen. Tat ich aber nicht. Weder überdachte ich in Ruhe anhand einer sorgfältigen Auflistung, wonach mir der Sinn tatsächlich stand, noch begann ich meine Emanzipation mit kleinen Schritten und einfachen Hobbys wie dem Anlegen eines Gemüsebeets, dem Erwerb eines Konzertabos oder der Entdeckung und Bewanderung nahegelegener Waldwege.

In Ermangelung tiefschürfender Reflexionen sponserte ich in den nächsten Monaten zahlreiche Vereine, Volkshochschulen und Institute auf der Suche nach Erfüllung und neuem Sinn. Und stürzte mich im wahrsten Sinn des Wortes kopfüber in das ungewohnte

Abenteuer. Weil ich von jeher eine Schwäche fürs Fallschirmspringen, genauer gesagt für die bunten Schirme gehabt hatte. Zudem beflügelte mich der Wunsch, endlich einmal gemächlich gen Boden zu schweben, statt beständig vor lauter Ärger an die Decke zu gehen.

Die Aufnahmebedingungen für meinen ersten Tandemsprung schaffte ich locker: Mindestalter 18 Jahre, Mindestgröße 1 Meter 20, Höchstgewicht 90 Kilogramm. So gesehen war ich – und das erfüllte mich mit Riesenfreude – weit, exakt 20 Jahre, 46 Zentimeter sowie 28 Kilogramm von den Minimalstandards entfernt. Schwanger war ich ebenfalls nicht, keine Spur von Asthma, Diabetes, Bluthochdruck oder Herzbeschwerden. Die letzten beiden Unpässlichkeiten stellten sich erst *während* des Abenteuers ein. So ein Ausstieg aus einem Kleinflugzeug in über 3000 Metern ist halt doch etwas anderes, als vom Dreimeterturm im Freibad zu springen.

Meine verzweifelten Versuche, den Fall ins Nichts in letzter Sekunde durch ein Verspreizen meiner Gliedmaßen in der Ausstiegsluke und kräftiges Stemmen gegen meinen Sprungbegleiter zu verhindern, scheiterten an der Entschlossenheit des Tandemmasters. Der wurde, wie ich im Nachhinein erfuhr, pro Sprung bezahlt und wollte auf mich als Einnahmequelle keinesfalls verzichten. Schon gar nicht, wo lediglich ein winziger Schritt über die Heckrampe zur Finalisierung seines Auftrags fehlte. Mit einem grimmigen »Wird's bald!?« manövrierte er uns im Doppelpack in die Tiefe.

Wie ein hochgezüchteter Formel-1-Wagen beschleunigten wir in Sekundenbruchteilen von null auf hundert und rasten mit einer Freifallgeschwindigkeit von etwa 200 Stundenkilometern Richtung Erdboden. Zumindest fühlte es sich so an. Einen Tachometer hatte ich nicht dabei. Und sehen konnte ich ebenso wenig. Zunächst wegen der Tränen, die mir trotz Sportbrille in die Augen schossen, danach, weil ich diese, wie bei jeder Fahrt in der Geisterbahn, fest zusammenpresste. In jener unendlich scheinenden Horrorminute meines ersten, und (ich schwöre bei allem, was mir lieb und teuer ist, also bei meiner »Friends«-Superbox, meinem Waffeleisen und dem coolen Autogramm von Voodoo Jürgens) zugleich letzten Tandemsprungs hätte ich den vermaledeiten Trainer am liebsten wie eine Riesenwürgeschlange umklammert. Fatalerweise klebte der Kerl auf meinem Rücken – keine Chance, ihn in die Zange zu nehmen.

Das versprochene Lustgefühl wollte sich bei mir auch nach dem Ziehen der Reißleine nicht einstellen. Der Ruck, der mich kurzzeitig in die Gegenrichtung schleuderte, ließ meinen Magen Purzelbäume schlagen wie ein übermütiges Kind auf einer abschüssigen Wiese.

Ich verfluchte meine Mutter, die mich gesund und ohne Herzleiden oder Asthmabeschwerden auf die Welt gebracht, meinen Mann, der mich über den Umweg seines beschissenen »Ich verdiene den Namen nicht«-Antrags, unserer Hochzeit und einvernehmlichen Scheidung in dieses Unglück gestürzt und das verlogene Werbeplakat der Flugschule, das mich auf diese hirnrissige Idee gebracht hatte. Ich fluchte anhaltend, als ich bereits heil auf der Wiese stand und weiter, als mein Flugbegleiter mit beiden Händen an den Ohren ohne ein Wort des Grußes davoneilte.

Die Evaluierung meines Flug-, besser gesagt, Sturzexperiments brachte zwei Dinge ans Tageslicht.

Erstens: Es liegt außerhalb des Wahrscheinlichkeitsbereichs, jemals ein Speedjunkie zu werden.

Zweitens: Ich kann bis an mein Lebensende perfekt Fallschirme zusammenlegen, so genau wie ich dem Trainer dabei aus Eigeninteresse auf die Finger geschaut hatte. Beides keine Fakten, die meine Vita wahnsinnig aufpeppen. Wen kümmert's? That's life!

Nach diesem magischen Kick, der mich schlappe 320 Euro gekostet hatte, wollte ich sie gemächlicher angehen, meine Selbstverwirklichung. Kein Adrenalinrausch, keine riskanten Mutproben wie Freeclimbing, Bungeejumping oder Rafting. Von Extremsportarten hatte ich die Nase voll und setzte daher sicherheitshalber Power Yoga, Steckenpferdreiten und Autodromfahren zusätzlich auf meine Never-to-do-Liste.

Kontemplativ, ausdrucksstark, einfallsreich war mein neues Motto für den umgehend gebuchten Töpferkurs. Tief in mir schlummernde, schöpferische Fähigkeiten wollten aus ihrem Dornröschenschlaf geweckt werden.

Der Kreativzyklus versprach das Gestalten unterschiedlichster Produkte von fantasievollen Tierplastiken über Gebrauchskeramik für Haus und Garten bis hin zu künstlerischen Ausstellungsobjekten. Entsprechend der Komplexität des Vorhabens schrieb ich mich parallel in die Abendeinheiten für ein Semester sowie für die geblockten Wochenendveranstaltungen ein.

Schon das Ambiente des Austragungsorts, eine romantische Jugendstilvilla inmitten eines gepflegten

Hanggartens mit Blick auf den Mühlbach, war verheißungsvoll. Ein wenig unbehaglich fühlte ich mich in meinem Outfit. Offensichtlich war ich die einzige, die ihre Klamotten nicht aus einem Secondhand-Shop, einem Caritaslager oder dem nächsten Altkleidercontainer bezog. Um nicht unangenehm aufzufallen, spritzte ich ganz bewusst Lehmpatzen auf meine floral gemusterte Seidenbluse und meine sowieso schlammfarbene Leinenhose.

Auch die Kursleiterin Ulla war gewöhnungsbedürftig. Geradezu euphorisch begrüßte sie uns mit einem an Hyperventilation grenzenden: »Hallöchen! Wie freue ich mich, dass ihr beschlossen habt, euer kreatives Ich freizulegen, die Kunst zu umarmen und in meine Welt der küssenden Musen einzutauchen. Lasst eure Chakren tanzen und eure positive Energie fließen.«

Dabei wirbelte sie von einer zur anderen, um jede von uns mit ihrem übertriebenen »Wir sind jetzt alle spontan und extreeem grandios drauf«-Fieber anzustecken und – der Kunst zuvorkommend – zu umärmeln.

So gut ich konnte, blendete ich ihr exaltiertes Gehabe aus. Das Hantieren mit dem feuchten Urstoff gefiel mir hingegen. Es erdete mich im wahrsten Sinn des Wortes und holte tief Verborgenes aus meinem Innersten.

Nicht zufällig hatten mich mein Faible für den menschlichen Körper, meine Ausbildung und Berufslaufbahn auf medizinisch-anatomisches Fachgebiet geführt. Allein, mein Augenmerk beschränkte sich nicht bloß auf verkrümmte Zehen, malträtierte Füße und beanspruchte Kniegelenke, es wanderte beinaufwärts in forschens- und darstellenswertere Regionen.

Seltsamerweise meinte Ulla, ich würde sie und einige der Teilnehmerinnen zutiefst verstören. Und das, obwohl ich ab dem zweiten Kurstag nur mehr Kleidungsstücke trug, die am Flohmarkt nach Betriebsschluss liegengelassen worden waren.

»So etwas habe ich ja nie zuvor gesehen«, stöhnte Ulla nach fünf Mittwochabenden und meinem ersten Kreativwochenende angesichts meiner Serie von sieben handgeformten, erigierten Penissen. Einer passabler als der nächste übrigens.

»Das tut mir leid für dich«, antwortete ich bedauernd.

Ulla starrte mich an, als würde sie ernsthaft über einen Berufswechsel nachdenken. Sichtlich hatte ich sie missverstanden, denn sie legte mir nahe, einen Therapeuten statt ihrer Workshops aufzusuchen. Also packte ich meine sieben Schwänze (vier davon durch den Brennvorgang bereits hinreichend gehärtet, drei in ihrer knautschigen Grundmasse) bevor ich die Kurstante vollends vergraulte und die Schar um ihre Lehrerin brachte. Von wegen Gefühle kreativ verarbeiten und künstlerische Freiheit. Ich fühlte mich in meinem schöpferischen Drang echt eingeengt. Meine Schlussbemerkung, dass der Anblick der Alternativmuttis in ihren unvorteilhaften Schlabberbekleidungen bei mir womöglich wesentlich gröbere, traumatische Nachwirkungen auslösen könnte, wollte ich ihr nicht ersparen.

Gern hätte ich mich im Anschluss für »das sensationelle Trommelwochenende im Haus der Sinne« mit »stimulierendem Djembe-Workshop direkt am See« angemeldet. Lediglich der Gedanke an den Ärger mit meinen Nachbarn hielt mich davon ab. Schließlich sollte man kontinuierlich üben, täglich wie in Trance seine Mantren klopfen und sich im Flow-Zustand den eigenen Inspirationen hingeben. Frau Brusenbünk hätte endlos gekeppelt. Trommelexzesse waren unbestritten intensiver als mein Bettgeflüster mit meinem Ex in unserer stürmischen Anfangsphase.

Immerhin brachte mich die verlockende Ankündigung auf die Idee, mir einen Boxsack zuzulegen. Auf den konnte ich genauso rhythmisch und im Einklang mit meinem inneren Selbst dreschen. Und die angeklebten Fotos lösten gleichermaßen Blockaden wie eine gewisse Genugtuung aus.

Der danach besuchte Lesezirkel war elendslangweilig. Außerdem vergaß ich meist, das zu besprechende Buch mitzunehmen oder mich auf die gewählte Textpassage vorzubereiten. Zweiteres war nicht unbedingt hinderlich. Nach den Wortmeldungen der ersten drei (die einzigen Männer) von elf Teilnehmenden war ich soundso überzeugt, dass jeder ein komplett anderes Werk gelesen hatte.

Aufregender war da der Kurs »Aktzeichnen nach Modell mit Bleistift und Aquarell«. Er versprach, in angenehmer Atmosphäre mein kreatives Potenzial auszuloten, systematisch meine künstlerischen Fähigkeiten zu verbessern oder einfach »nur« entspannt, sowohl lange Posen als auch kurze Entwürfe mit weiblichen und männlichen Modellen zeichnen zu lernen.

Die Darstellung des Skeletts und der wichtigsten Gelenke sollten Basiswissen über das funktionale

Verständnis des Körpers vermitteln. Ich quälte mich durch diese Einheiten, um endlich den Part über Proportionen zu absolvieren. Leider weigerten sich die männlichen Modelle nach kurzer Zeit, von mir skizziert zu werden. Was ich Fantasie nenne, könnte ihnen als unprofessionelles Arbeitsverhalten ausgelegt werden. Aus diesem Grund bin ich erst gar nicht zu sieben Zeichnungen meines Lieblingsmotivs gekommen.

Schön langsam wurden mir meine Aktivitäten zur Selbstfindung sowieso zu anstrengend. Ständig sollte ich etwas tun, vorbereiten, mitbringen, in Ordnung halten, pünktlich abgeben. Da hätte ich auch an der Seite meines arbeitsscheuen Ehemanns schuften oder verwelken können.

Abwechslung und Zerstreuung mussten doch auch ohne übertriebene Initiative und Wettstreit mit Freizeitstreberinnen der Sonderklasse zu finden sein?

Kurzerhand suchte ich ein Bodypainting-Studio auf. »Verwandeln Sie sich wie ein Schmetterling und werden Sie zum bildhübschen Fotomodel« verhieß der Flyer, den ich aus Ullas Künstleratelier neben meinen unerquicklichen Einsichten mitgenommen hatte.

Bei einem Glas Sekt oder einer Tasse Kaffee konnte man sich von den Motiven der Beispielmappe inspirieren lassen oder – es begann bereits wieder in Arbeit auszuarten – eigene Vorschläge für ein individuelles Thema einbringen. Dass die Umgestaltung in ein Fabelwesen drei Stunden bei mäßiger Zimmertemperatur dauerte und das anschließende Fotoshooting nochmals eine Stunde Verharren in diversen Stillhalteposen verlangte, strapazierte meine engelsgleiche Geduld enorm.

Hätten die Indianer für ihre Kriegsbemalung ähnlich lang gebraucht, wären sie ganz ohne Eroberer ausgestorben. Bunt zwar, aber von Langeweile dahingerafft.

Schlussendlich stand ich vor der Wahl, mit dem farbenfrohen Anstrich in mein Gewand zu steigen oder das Ergebnis stundenlanger Körperteilelähmung zu einem echten Schnäppchenpreis von 498 Euro direkt vor Ort abzuduschen. Ich entschied mich für die zweite Option und erntete vernichtende Blicke der zierlichen Künstlerin.

Drei Wochen später erfuhr ich, dass sie neuerdings in einem Fast-Food-Imbiss an der Frittiermaschine arbeitet. Eine Kundin hätte sie in ihrer Ehre gekränkt und ihr jede Freude an ihrem Beruf geraubt, munkelte man. Leute gibt es! Zum Kopfschütteln.

In der Kochgruppe legte ich dafür gehörig zu. Fünf Kilo in drei Wochen! Kalorien erreichen Stellen, da kommt Motivation im Leben nicht hin. Prompt wurde mir von einer angesagten Fitnessagentur ein Modeljob angeboten. Ich sollte die Rolle »vorher« im Vorher-nachher-Vergleich übernehmen. Dass Agenturchefs so ehrlich sein können, überraschte mich. Bisher dachte ich, die einzigen, die einem die Wahrheit sagen, wären Kinder und Volltrunkene. Und Leggings natürlich. Die mit dem Gänseblümchenmuster auf grünem Grund hatte sich nach dem Gourmetkurs in eine Margeritenwiese verwandelt.

Deshalb buchte ich kurzentschlossen eine Entgiftungs- und Entschlackungskur in einem Wellnesshotel. Als matter Ersatz eines Kurschattens hängte sich mir eine Salmonellenvergiftung an. *Ver*giftung statt *Ent*giftung – das schaffen nicht viele.

Zumindest war ich am Ende meiner zahlreichen, sinn- und freudlosen Selbstverwirklichungstrips nicht nur mehrere Monatsgehälter, sondern auch mein Übergewicht los. Ganz ohne Anleitung und Kursgebühr.

Was soll ich nach diesen Erfahrungen noch sagen? Alles, was Spaß macht, kann ich mir entweder nicht leisten, ist gefährlich, unmoralisch, macht dick, betrunken oder ist verboten.

»Kann man helfen?«

Neben den abträglichen Auswirkungen der Salmonellenvergiftung hatte ich von meinem Wellnessaufenthalt noch genügend Animo für vitale Ernährung mitgebracht.

Deshalb bestellte ich mir gleich nach dem Heimkommen einen Smoothiemaker der Extraklasse. Mit drei Mixgeschwindigkeiten, extrastarkem Schnittmesser für grobe Blätter, Stiele und Strünke, in denen sich ja fieserweise die meisten Vitamine verstecken, einem sportlichen Mix & Go Behälter und einem Plastikbecher samt Schraubverschluss und patentiertem Tritandeckel (die Billigvariante für beschauliche Spaziergänge, Kurzausflüge zur Biotonne oder fürs Understatement im Fitnessclub). Sicherheitshalber und, weil Kunden, die den Spitzen-Extraklasse-überden-und-ohne-den-geht-gar-nichts-mehr-Smoothiemaker gekauft hatten, das angebotene Ergänzungsset bestellten, legte ich es ebenfalls in meinen virtuellen Warenkorb. Dieses »Jetzt bist du aber sowas von ausgerüstet«-Teil enthielt den Kultbecheraufsatz, ein weiteres Klingenset, mit dem sich sogar Nüsse, Eiswürfel und wahrscheinlich der Christbaum vom letzten Jahr zerkleinern ließen sowie die unverzichtbare Silikonschlaufe zur Befestigung des Kultbechers an Gürtel, Rucksack oder Hosenträgern.

Damit man dir das Kultige schon aus der Ferne ansieht, wenn du aufschreist, sooft dir das Ding baumelnd gegen den Hüftknochen, die Beckenschaufel oder den unteren Rücken schlägt.

Unmittelbar nach der Lieferung sprintete ich zum Bioladen in der Fußgängerzone, um mich mit Vitaminzeug für den Frischekick einzudecken. Leider verwelkte das frisch gekaufte, vitale Bündel hoffnungslos, da ich die folgenden drei Tage intensiv beschäftigt war, die Skizzen zum Zusammenbau des Geräts zu entschlüsseln und das 200-seitige Handbuch zu studieren.

Endlich war es nach neuerlichem Einkauf so weit: Mein erster selbst zubereiteter, grüner (die sollen die gesündesten überhaupt sein) Smoothie, angereichert mit Spirulina-Algen-, Basen- und Hanfpulver stand vor mir. Geballte Obst-, Gemüse- und Vitalstoffe-Power im Glas. Was heißt Glas, im Kultbecher! Die Brühe sah ein wenig nach braun-grüner, trüber Entengrütze aus, was meine Euphorie gehörig dämpfte. Fatalerweise schmeckte sie auch so. Jedenfalls so, wie ich mir vitaminreiche Entengrütze vorstelle. Bislang hatte sich mir noch keine Gelegenheit geboten, derartiges zu verkosten.

Doch was tut man nicht alles für seine Gesundheit? Tapfer trank ich vier Fünftel. Am nächsten Morgen schaffte ich nur knapp die Hälfte, bevor es mich leicht reckte. Tags darauf tat ich einen ordentlichen Schuss Gin dazu. Das gab dem Ganzen die richtige Würze, überdeckte den unangenehmen Spinatgeschmack, und die eigenartige Farbe störte mich nach dem vierten Schluck auch nicht mehr. Augenblicklich stellten sich die versprochene gute Laune und Lebensfreude beim Genuss des Gesundheitsdrinks ein. Ab sofort sparte ich mir die Mühe des Gemüseputzens und

-grobschnipselns, des Schneidbrettwaschens, Mixersäuberns und -verstauens. Ich mischte den Gin in das Mundspülwasser im Zahnputzbecher, gurgelte gründlich mit der Mixtur und verzichtete aufs Ausspucken. Dieses Gesundheitsritual zog ich wochenlang durch. Niemand soll mir vorwerfen, die Verbesserung meiner Lebensqualität nicht konsequent und mit gebotener Ernsthaftigkeit zu betreiben. Andererseits steht nirgends geschrieben, dass Freiheit bitter schmecken und zusätzlichen Arbeitsaufwand mit sich bringen muss.

Apropos schmecken: Mein Mann war ja nicht nur ein Früchtchen wie die meisten Männer, sondern ein kompletter Fruchtsalat. Das ist mir bei den kalorienarmen Nachtischen in der Wellnessoase eingefallen, wo sich die Preise exponentiell diametral zur Menge verhalten. Volksnah ausgedrückt: Je weniger auf dem Teller liegt, umso tiefer musst du in die Tasche greifen. Nach diesem Exkurs wieder zurück zu meinem Ex, dem Früchtecocktail: Dünnhäutig wie eine Erdbeere, sauer wie Ribiseln, hart wie ein unreifer Pfirsich, bitter im Abgang wie eine Grapefruit, geschmacklos wie eine Wassermelone und ungenießbar wie eine Tollkirsche. Da kannst du Schlagobers drauf tun oder Zucker einrühren, kiloweise, daraus wird nichts mehr.

Paul war von Beruf freier Werbetexter. Das klebte an ihm wie sein Haargel, das er zentimeterdick auftrug. Ungefragt zitierte er zu passenden wie unpassenden Anlässen seine Slogans:

»Teenie-Jeans« gibt dir den Pep, das weiß sogar der Klassendepp.

Ist ein Mädel nicht zur Hand, nimm »Traumolind«, denn das entspannt.

Das Schönste am Morgen danach ist das Frühstück mit Müsli von »Glück«. Das war bereits die entschärfte Fassung. Den Dreifachreim mit »nach dem F***« hatte der Kunde abgelehnt. Schließlich sollte der Clip auch im Vorabendprogramm laufen.

Nötig wie der Ring zur Trauung, ist »Räumadol« für die Verdauung.

Außerdem verwechselte er die harte Alltagsrealität meistens mit der glattgebügelten Idylle aus den Werbespots. Ich sehe frühmorgens eben nicht aus wie die voll geschminkte Bitch in der Baldriantropfenreklame, die nicht bloß erholsam durchgeschlafen hat und ausgeruht mit einem strahlenden Lächeln erwacht, sondern aus dem Bett heraus direkt auf einen Laufsteg wechseln könnte. Ich bin froh, wenn ich den Weg ins Badezimmer finde, die richtigen Schalter in der korrekten Reihenfolge betätige und mich die erste Stunde keiner näher ansieht oder anspricht.

Bevor sich der Eindruck eines smarten, eloquenten, gestylten Werbefachmanns verfestigt, bringe ich besser ein paar Fakten und Daten zu meinem Ex. Verglichen mit Paul war Columbo adrett gekleidet, Trump ein Ausbund an Diplomatie und Zuvorkommenheit, der Almöhi eine Spaßgranate und DJ Ötzi ein tiefsinniger Weggefährte. Jetzt werden Sie wissen wollen, warum ich mich in so einen Typen verliebt, nun ja, vielleicht nicht verliebt, aber ihn immerhin in mein Herz und an meiner Seite zum Altar gelassen habe? Ich kann es nicht wirklich erklären. Zumindest nicht ohne die Worte Klapsmühle, Paralleluniversum und Fieberwahn.

Es war weder eine Liebesheirat noch eine Vernunftehe. An seiner Vernunft hatte ich von Beginn an berechtigte Zweifel und meine glänzte im entscheidenden Augenblick auch nicht hochgradig durch Anwesenheit.

Dass sich sein Vorname auf seine wesentlichste Charaktereigenschaft reimt, mag eine Laune der Natur sein. Oder ein origineller Einfall seiner Eltern. Oder Bequemlichkeit ihrerseits, um sich beim Rufen Endlossilbennamen wie Alexander, Maximilian, Konstantin, Sebastian oder Christopher zu ersparen.

Pauls Arbeitsplatz war zu Hause. Die Couch im Wohnzimmer sein Büro. Einen Rundrücken vom vielen Arbeiten zu bekommen, musste er nicht befürchten. Die meiste Zeit lag er ausgestreckt auf seinem Homeoffice, oft mit geschlossenen Augen, eine Flasche Bier, einen abgebrochenen Bleistift und einen Schreibblock in Reichweite. Für Außenstehende wie mich war nicht ersichtlich, ob er gerade in einem kreativen, schöpferischen Prozess steckte oder nur auf der faulen Haut lag. Natürlich wollte er mir weismachen, nahezu rund um die Uhr im Dienst zu sein. Dieser Aussage hätte ich erst Glauben geschenkt, wenn sich sein Notizzettel ähnlich rasch gefüllt hätte, wie sich die Flaschen leerten.

»Schatz, du siehst, ich hab' mir jede Menge Arbeit mit nach Hause gebracht«, stöhnte er des Öfteren.

»Seit wann arbeitest du in einer Brauerei?«, fuhr ich ihn daraufhin meist etwas angepisst an, weil neben meinem Fulltimejob in der Ordi die ganze Hausarbeit an mir hängenblieb. Nicht einmal die ausgetrunkenen Flaschen brachte er in die Küche zurück. Wäre mein Ex ein Tier, dann bestimmt eine Schlange. Da könnte er auch beim Laufen liegen.

Ihn auf seine Trägheit anzusprechen, brachte freilich gar nichts. Da setzte er auf Mitleid.

»Du hast ja keine Ahnung, was ich in meiner Jugend mitgemacht habe!«, erklärte er mir allen Ernstes.

»Doch, weiß ich!«, konterte ich. »Jeden Blödsinn! Vom Schuleschwänzen über Autolenken ohne Führerschein bis hin zum Komasaufen. Mir brauchst du nichts vorzugaukeln. Ich kenne dich seit meinem siebzehnten Lebensjahr. Und für Alzheimer bin ich noch zu jung.«

Mit dem Bonus »harte Kindheit« konnte mein Ehemann bei mir nicht punkten. *Er* wuchs als verwöhntes Einzelkind, *ich* mit zwei Brüdern auf, von denen der eine Eishockey spielte, somit stets eine Waffe zur Hand und der zweite ein derart *ent*waffnendes Auftreten hatte, dass ihm alles verziehen wurde. Wiederholt hätte ich sie gern gegen eine Zwillingsschwester eingetauscht oder im Doppelpack an fahrende Händler verkauft wie einst die elf Brüder den Joseph im Buch Genesis. Paps versteckte sich im Glashaus beziehungsweise hinter seiner Zeitung, und bei meiner Mutter wusste man nie, was als nächstes passiert. Von null auf hundert ohne Vorwarnung wie in einer Menopausedauerschleife. Dazu endlose Strafpauken. Also kommt mir nicht mit harter Kindheit!

Genau genommen war mein Mann ein Musterexemplar an Unwilligkeit gepaart mit Inkompetenz. Früher hätte man stinkfaul und begriffsstutzig dazu gesagt, heutzutage ist man besser vorsichtig mit solchen Begriffen. Wegen der geforderten Sprachsensibilität. Und wegen meiner vorlauten Klappe.

Paul schaute lieber anderen beim Arbeiten zu: dem Kaffee beim Rinnen durch den Filter – ist ja auch ein faszinierender Moment, wie aus Wasser ein Koffeingetränk wird – dem Saugroboter, wenn er seine Bahnen zieht und der Waschmaschine beim Schleudern. Einkaufen traute ich ihn mir nicht zu schicken. Bis der beim »Nah&Frisch« wäre, hätten die aus dem Feinkostsupermarkt wahrscheinlich einen Handyshop, ein Wettbüro oder eine Sushi-Bar gemacht. Zumindest wäre auf dem Heimweg das Gemüse verwelkt, die Milch hätte das Haltbarkeitsdatum überschritten und aus den Eiern wären bestimmt Küken geschlüpft.

Statt auf das propagierte Halbe-halbe-Prinzip setzte Paul mehr auf 007: null Verständnis, null Bock und sieben Ausreden für jeden Handgriff.

Für alle seine Sinne hatte er einen unsinnigen Vorwand, um sich vor dem Helfen zu drücken. Seine Finger wären nicht schlank genug, um die Sektflöten zu säubern, seine Augen nicht scharf genug, um eventuelle Schmutzflecken zu sehen, seine Ohren zu sensibel für den Lärm des Wandbohrers, seine Haut zu empfindlich für die Gummihandschuhe, mit denen er das Bad putzen sollte, und fürs Blumengießen fehle ihm das rechte Maß.

Staubwischen wollte er ebenfalls nicht. Er machte einfach sämtliche Fenster auf und meinte, der durchziehende Wind würde seine Arbeit erledigen. Tat er selbstredend nicht. Im Gegenteil, er wehte lose Blätter, weiteren Staub und gelbe Blütenpollen herein. Deshalb schnappte ich mir den Staubsauger, um die Bescherung zu beseitigen, legte ihm jedoch zuvor demonstrativ einen Putzlappen auf den Couchtisch. Neben die unfreiwillige Blattdeko und seine hochgelagerten Beine. Diese hatte er auf der Glasplatte nicht nur wegen seiner Bequemlichkeit abgelegt, sondern auch, damit ich darunter besser saubermachen konnte.

So weit ging seine Kooperation schon.

Nachdem ich, völlig geschafft, eine halbe Stunde später wieder im Wohnzimmer eintraf, sah er mich vorwurfsvoll an, deutete auf das Staubtuch und meinte trocken: »Du hast da was vergessen.«

Eines muss man seiner Faulheit lassen: Kondition hatte die! Sollte ich jemals eine Bio schreiben, wird er darin nicht gut wegkommen, das steht fest. Einen Titel für mein Werk habe ich bereits: »Wischmopp statt Flashmob – Gedankenfetzen einer Putzhilfe getarnt als Ehefrau«.

»Was reizt dich eigentlich an dem?«, löcherte mich meine beste Freundin Ruth in ihrer analytischen Art an unserem siebenten Hochzeitstag, den ich mit ihr in einer Bar feierte, weil ich fest vorhatte, mich nach dem berühmten verflixten siebenten Ehejahr sinnlos zu betrinken.

Ich brauchte nicht lange zu überlegen. Flüssig spulte ich meine Liste ab: »Jedes Wort, seine Kaugeräusche, dass er mit seinen ungewaschenen Unterhosen und feuchten Sockenknäueln Feng Shui-mäßig sämtliche Möbelstücke (einschließlich der Arbeitsplatte in der Küche) garniert, seine Haare plus Bartstoppeln im Waschbecken und seine Vorliebe für vollbusige, dümmliche Kellnerinnen.«

In Sachen Unterstützung in Haushalt und Garten wie auch als Liebhaber war der Meinige rückblickend gesehen »ein gläsernes Hohlgebinde«, vorsichtig ausgedrückt. Vor einigen Jahren hätte man durchaus noch »eine vollkommene Flasche« sagen dürfen. Ohne Pfand natürlich. Somit gänzlich wertlos. Zum Entsorgen halt.

Da lobe ich mir diese nützlichen kleinen Küchenhelfer. Erst neulich habe ich mir ein paar zugelegt. Unverzichtbar, wenn Sie mich fragen. High Heels etwa, um leichter in die obersten Küchenregale zu reichen, eine schicke Sonnenbrille von Armani, damit mich das Licht aus dem Kühlschrank nicht blendet sowie den neuen Duft von Dior, um dem Essensdunst Angenehmes entgegenzusetzen.

Wären Frauen tatsächlich für die Hausarbeit geboren, hätte der liebe Gott den Staub wohl rosa gemacht. Oder immerhin ein wenig Glitter drin verpackt. Und keine Stauballergie zugelassen. Und einem Erfinder von sexy Gummihandschuhen das Leben geschenkt.

Die hochgepriesenen elektrisch-elektronischen Haushaltshelferleins sind allerdings in den meisten Fällen auch nicht hilfreicher als ein unwilliger Ehepartner.

Zum Beispiel dieser ungezogene Kaffeeautomat in der Küche, der mich schon kurz nach dem Aufstehen nervt. Ich behaupte sicher nicht, er wäre schuld daran, wenn ich vergesse, eine Tasse unter den Ausgabehahn zu stellen. Das nehme ich großzügig auf mich. Aber der Ton, der Ton! Wieder so ein Thema zum permanent Kopfschütteln. Von dem Kerl erhalte ich ausschließlich knappe Befehle und das in einer Häufigkeit, dass ich nicht einmal zum Atemholen komme, geschweige denn in Ruhe meinen Cappuccino schlürfen kann. »Bohnen nachfüllen«, »Brühgruppe reinigen«, »Wasserbehälter auffüllen«, »Filter austauschen« herrscht er mich gelbleuchtend an. Ist er besonders aufgebracht, blinkt er sogar verdrießlich. Seit Monaten bin ich darauf gefasst, plötzlich mit »Hände waschen«, »Frisur stylen«, »Lippenkontur nachziehen« angeschnauzt zu werden, bevor ich ihn anfasse. Natürlich kein »Bitte«, nicht die Spur von Höflichkeit – ein echter italienischer Macho halt. Im Grunde arbeite ich mehr als der. Und ein »Danke«, von mir aus ein »grazie mille«, habe ich von ihm nie gehört beziehungsweise gelesen. Obwohl er von frühmorgens an meine volle Aufmerksamkeit erhält und etliche Male am Tag gedrückt wird.

Dann ist da noch dieser kleine, wuselnde Hausfreund, mein Saugroboter. Der schluckt ganz allgemein brav, was ihm vor und unter die Borsten kommt, doch dem muss ich alles aus dem Weg räumen. Wenn mich jemand dermaßen bei der Arbeit unterstützt, bin ich genauso ruck-zuck fertig. Außerdem geht ihm meist relativ rasch der Sprit aus, und er hoppelt zur Ladestation, um nachzutanken. Falls er sich nicht verfährt oder ihn auf dem Weg dorthin die Kraft verlässt. Meist verhungert er im hintersten Winkel unter dem Doppelbett und macht keinen Mucks. Deswegen nenne ich ihn ja Hausfreund. Weil er so bequem unters Bett passt und sich nicht rührt. Ein solcher käme freilich, sobald die Luft rein ist, von allein ans Tageslicht. *Der* Kumpel nicht. Da heißt es jedes Mal den Lattenrost hochklappen und ihn eigenhändig zur Saugroboter-Labungsstelle tragen. Paul ist zumindest auf seinen eigenen zwei Beinen zum Wirten am Eck geflüchtet, wenn ihm die Hausarbeit zu viel wurde und er einen heben wollte.

Irgendwann ertappte ich mich dabei, mit dem eigenwilligen Staubschlucker Gespräche zu führen.

»Was treibt denn mein kleiner Bussibär?«, ermahnte ich ihn, wenn er mit dem Kabel der Stehlampe in Verwicklung geraten war. Oder frotzelte ihn feinfühlig angesichts seines vollen Staubsammelbehälters: »Schon wieder angefressen?«

Das sei kein Grund zur Sorge, eher eine neue Stufe der Freiheit, die ich erreicht hätte, versicherte Jungkook. Eine nämlich, in der es mich nicht mehr kümmert, was meine Mitmenschen von mir denken. Selbstgespräche werden erst dann problematisch, wenn man dabei über neue Witze lacht, kein Wort versteht oder sich wegen Unvereinbarkeit enterbt.

»Hi! Ich bin die Uschi!«

Es soll ja Menschen geben, die nicht begründen können, wieso sie sich auf etwas Bescheuertes eingelassen haben. Ich hingegen kann sogar drei plausible Motive anführen, warum ich mich zu so einem Speeddating anmeldete. Erstens fühlte ich mich von Kaffeeautomat & Co. nicht ausreichend verwöhnt, zweitens hatte ich einige Gesprächsfetzen im Wartezimmer aufgeschnappt, die mich wirklich neugierig machten und drittens wollte ich mich vergewissern, ob ich auf dem Männerangebotssektor auch nichts verpasste, während ich meinen Selbstverwirklichungstrip durchzog.

Eine gezielte Marktforschung vor diesem Event wäre angebracht gewesen. Die verabsäumte ich leider. Daher wurde aus dem »Schnelldurchlauf der einsamen Herzen« eine Erfahrung, die ich – im Nachhinein gesehen – meiner ärgsten Feindin nicht wünsche. Na ja, vielleicht der einen oder anderen Schlampe, die sich an meinen Ex herangemacht hat. Aber die war mit dem Armleuchter eigentlich genug gestraft.

Weil ich mich bei dem Happening den Datingpartnern überzeugend vorstellen muss, wäre jetzt schön langsam der geeignete Zeitpunkt, ein wenig über mich zu erzählen. Bisher habe ich ja nur von komischen Vögeln gesprochen: von Geier und Kuckuck, Schwänen und Enten, meinem Chef und meinem Ex.

Reden wir also von etwas Schönem, Interessantem. Reden wir von mir (tja, ich wünschte, es wäre so).

Meine herausragendste Eigenschaft ist, ich kann es nicht anders ausdrücken, meine Mittelmäßigkeit. Weder Aschenputtel noch Ballkönigin. Weder Klassenbeste noch eine, die in der vierten Klasse rauchen durfte, weil sie bereits 16 war. Weder Karrierefrau noch Hausmütterchen. Weder anbetungswürdige Naive noch gewiefte Verführungskünstlerin.

Allem Anschein nach war ich die Vorlage für diese Tests zum Ankreuzen. Sie wissen schon, die mit den fünf Steigerungsstufen von »trifft überhaupt nicht zu« bis »trifft völlig zu«. Ich bin eine glatte Drei – »trifft zu«. Mittelmäßig halt, was Aussehen, Ausstrahlung, Intelligenz und vieles mehr betrifft. Als der Allmächtige Extreme auf die Menschheit regnen ließ, hatte ich einen Schirm aufgespannt und trug sicherheitshalber Gummistiefel und eine Regenpelerine.

Möglicherweise ist das der Grund, weswegen ich nicht gern über mich rede. Es gibt da nichts Großartiges zu berichten. Ich habe ein leidlich hübsches Gesicht, ohne wirklich schön zu sein, eine leidlich annehmbare Figur, ohne in die Nähe echter Modelmaße zu kommen.

Grenzwertiges im oberen oder unteren Bereich ist bei mir kaum zu finden. Was ich absolut nicht zusammenbringe: Diäten durchziehen und kecke Antworten für mich behalten (um das Negative gleich vorwegzunehmen). Für ersteres fehlt mir die Konsequenz, für zweiteres die vornehme Zurückhaltung. Umgekehrt wäre es entschieden besser.

Außerordentlich gut kann ich eigentlich nur elastische Druckverbände anlegen. Und in peinliche Situationen geraten. Darin habe ich es geradezu zur Perfektion gebracht. Das beweist meine Langzeitstudie nach ausgiebiger Verifikation der Ausgangshypothese am Probanden Uschi eindeutig. Sonst Mittelmaß, wie gesagt.

Ich wurde als einziges Mädchen und mittleres von drei Kindern geboren. Zwischen einem älteren Bruder, der alles besser wusste und einem jüngeren, der sich von mir zusätzlich bemuttern ließ. Eine Mischung aus beiden war sichtlich die Strickvorlage für meinen späteren Ehemann. Mit dem Unterschied, dass ich mit meinen Brüdern trotz Geschwisterrivalität wesentlich besser zurechtgekommen bin und sie mir am Herzen und nicht wie mein Ex im Magen liegen.

Seit ich denken kann, wurden meine Brüder von mir Max und Moritz genannt. Einerseits, weil sie unaufhörlich zu Streichen – besonders mir gegenüber – aufgelegt waren, andererseits weil ihre eigentlichen Vornamen, Helmut und Reinhard, genauso langweilig waren wie der meine. Weshalb hätten meine Eltern da eine Ausnahme machen sollen?

Die zwei hatten für mich weniger spitzbübische Bezeichnungen auf Lager. Je nach Sachverhalt und Laune riefen sie mich »Schokomonster«, »Little Nervi«, »Flohpups« oder »Lästerschwester«. Trotzdem sind sie die fantastischsten Brüder auf der Welt – eine gekonnte Mischung aus Wikipedia, Firewall, Navi und Telefonseelsorge.

Die Sandwichrolle nehme ich konsequenterweise auch im Dreigespann mit meinen zwei besten Freundinnen ein. So gesehen begleiten mich die Kohlenhydrate von der Wiege an, mit dem festen Vorsatz, die Bemühungen, mein Gewicht zu halten, über Gebühr zu erschweren.

Da ist auf der einen Seite Ruth, mit der ich seit dem ersten Schultag befreundet bin. Vorzugsschülerin, Masterstudium, Marketingleiterin und überzeugter Single. Energisch, grazil, selbstbewusst. Auf der anderen Natalie, die ich – wie meinen Ex – mit siebzehn in der Tanzschule kennenlernte. Ausgebildete Kindergärtnerin, überzeugte Nur-mehr-Ehefrau, Mutter von drei Kindern und Untertanin einer preisgekrönten Perserkatze. Gemütlich, vollschlank, zufrieden.

Ich bin »DIE« in der Mitte. Arzthelferin oder seit kurzem »Assistentin« in einer durchschnittlichen Orthopädiepraxis mit mittelmäßigem Gehalt ohne Aufstiegschancen und -ambitionen. Nach dreizehn Ehejahren geschieden, kinder- und haustierlos, unentschlossen. Irgendwie scheine ich zeitlebens auf der Suche zu sein, ohne zu wissen, wonach ich ausschaue.

Karriere? Passender Mann? Eigene Familie? Neuanfang im Ausland?

Kann man überhaupt einen mittelmäßigen Neuanfang starten? Wenn's eine kann, dann ich. Folglich kam mein geplantes Abenteuer »Speeddating« wie gerufen.

Grundlegende Erkenntnis: Wow, so viele Männer gibt es, denen es an Muße für ein gemütliches Kennenlernen, den primitivsten Benimm-Regeln, einem Aussehen, das – trotz diskreter Beleuchtung – jede nicht durch und durch notgeile Frau in die Flucht schlägt und einem Intelligenzquotienten im akzeptablen Bereich fehlt? Und die sich nichtsdestotrotz für unwiderstehlich halten. Ein Saal voller Kandidaten zur Castingshow »Testosteronspiegel gesucht«.

Am Eingang des Etablissements hieß mich eine Frau um die 50, der die Eurozeichen in den Augen standen und deren Ausstrahlung mit jener eines toten Karpfens wetteiferte, willkommen. Wobei jeder verblichene Fisch das Charisma betreffend deutlich im Vorteil gewesen wäre.

Meine Ernüchterung setzte sich im Saal bei der Erklärung des Ablaufs durch die Fischtante fort. Die Fragen, die von den Teilnehmenden gestellt wurden, verhießen nichts Gutes. Was, bitte schön, ist »Beim Gong wechseln die Herren im Uhrzeigersinn zum nächsten Tisch« nicht zu verstehen? Aber offenkundig versteckten sich zahlreiche Stocktaube, über das eigene Geschlecht Unaufgeklärte und völlig Orientierungslose in der partnersuchenden Menge.

Sicherheitshalber durften die Frauen sitzenbleiben, was sowohl angesichts des Blondinenanteils in der Gruppe als auch der allgemeinen Zuschreibung, Frauen fehle es an Orientierungssinn, günstig war. Ich gebe gern zu, dass man unsereins hie und da »Das andere Links!« zurufen muss, dafür suchen Männer minutenlang das Stück Butter im Kühlschrank, das direkt vor ihren Augen liegt. Vom Zurechtfinden in Damenhandtaschen will ich gar nicht anfangen. Da geben die meisten Herren schon beim ersten Blick in die gefächerten Tiefen auf.

Mir und meinem Tisch wurde ein Mann fortgeschrittenen Alters mit einer Hornbrille, deutlichen Geheimratsecken und großen, gelblichen Zähnen zugeteilt. Entweder wollte er wegen seines ungepflegten Gebisses den Mund nicht öffnen oder er war extrem schüchtern. Oder wortkarg. Oder taktvoll. Also eröffnete ich das Gespräch. Ich wollte schließlich etwas haben um mein Geld. Und mein Gegenüber kennenlernen.

»Hi! Ich bin die Uschi und ...«

Weiter kam ich nicht.

»Kannst du kochen?«, fiel er mir ins Wort. »Weißt, die Mama ist vor drei Wochen gestorben. Am liebsten esse ich Bauernschmaus ...«

Ups, wo blieb der Gong? Was sollte ich mit dem reden? Meine Sorge war allerdings ziemlich überflüssig, ich kam nicht mehr zu Wort. So viel zu taktvoll. Und wortkarg. Und schüchtern. Mit Tränen in den Augen erzählte er mir von seiner geliebten Mutter, der sichtlich keine Frau, die er ihr vorstellte, gut genug für ihren Buben gewesen war.

»Hände weg«, riet meine innere Stimme, deren Hinweis ich nicht wirklich brauchte. Ich sehe mich weder als Ersatzmama geschweige denn als Köchin.

Deshalb stellte ich bei meinem nächsten Gesprächspartner sofort unmissverständlich klar: »Hi! Ich bin die Uschi und ich kann NICHT kochen ...«

Der junge Mann (und wenn ich jung sage, meine ich jung, was an seinen Pickeln, der verkehrt herum aufgesetzten Kappe und seinem steten, unsteten Blick auf die mit einem leisen Bimmeln im Sekundentakt einlangenden Messages auf seinem Smartphone erkennbar war) starrte mich an. Die Verarbeitung meiner Bemerkung stieß auf unüberwindbare Hindernisse. Festplatte gecrackt?

»Hä? Was geht ab?«, wollte er kaugummikauend wissen. »Wahnsinn! Ich hab' noch nie mit einer 40-Jährigen gepennt. Geh'n ma zu dir, weil in meiner WG is' kein Platz ...«

Ich stand auf, schritt zur erstaunten Empfangsdame und drosch auf den Gong. Für die Schätzung auf 40 hätte ich am liebsten auch ihn verdroschen, wollte jedoch nicht riskieren, durch einen gezielten Schlag die letzten seiner Hirnzellen in Mitleidenschaft zu ziehen. Er war jetzt schon einfältig wie ein Schokoladenkeks. Unter entrüstetem Raunen trabte ich zurück an meinen Tisch, an dem sich (endlich!) ein Mann aus meiner Altersgruppe niedergelassen hatte.

»Hi! Ich bin die Uschi und bin sicher, deine Mama erfreut sich bester Gesundheit, du kannst selbst kochen, wohnst in keiner WG und hast schon mal mit einer 40-Jährigen geschlafen ...«

Er schüttelte den Kopf.

»Erich, nein ... – keine WG, ja ...«, zur Abwechslung nickte er heftig, »mhm, mit einer 40-Jährigen ... ja, ... öfter, manchmal mit mehreren gleichzeitig. Also, ich lebe in einem Wohnwagen. Jahraus, jahrein. Außerdem habe ich ein irr geiles Kraut zu rauchen. Der Ostbahn-Kurti ist mein Idol.«

Wie befürchtet, begann er leise und falsch zu singen: »I leb mitn Rock and Roll, glaub ma i leb ned allaa.«

Glaubte ich ihm aufs Wort. In diesem Moment fand ich das Singledasein halb so wild, nahezu erstrebenswert. Nun, dieser Schuss ging gehörig nach hinten los. Obwohl, eigentlich war bislang gar niemand zum Schuss gekommen. Viel Zeit zum Philosophieren blieb mir nicht, einer aus der Opa-Generation hatte mir gegenüber Platz genommen. Mir verschlug es meinen Vorstellungssatz. Sollte das womöglich ...

»Ich äh ... Herr äh... Wow ... na sowas!«

»Hallo, schönes Kind! Ich suchert nach meinem Mausi, Bambi, Spatzi, Katzi neuerdings ein Froschi. Und auf den Opernball nehmert ich dich auch mit!«

Impulsiv sprudelte es aus mir heraus: »Äh, ja, tut mir leid, eigenartigerweise steh' ich seit gerade jetzt ausschließlich auf Frauen.«

Den Gong wartete ich nicht ab. Ich sprang abermals auf, und draußen war ich – schnell wie ein Jaguar, wenn wir schon bei Tiernamen sind. Und das sind bekanntlich die von der flotten Sorte, sowohl die mit Rädern als auch die vierbeinigen. So gesehen verdiente das Speeddating seinen Namen voll und ganz.

Geschockt wie ich war, stolperte ich blindlings davon, einfach in die nächste Bar hinein. Direkt in die Arme eines blendend aussehenden Mittvierzigers.

Mit den Worten »Nanu, ein gefallener Engel!?« fing er mich auf.

»Huch!«, erwiderte ich wortgewandt.

Er strahlte mich an, als hätte ich soeben eine umwerfende Dankesrede nach Überreichung des Literaturnobelpreises gehalten. Einen Augenblick zu lange musterte ich meine neue Bekanntschaft. Er hatte die ideale Größe, die ideale Figur, ein ideal geschnittenes Gesicht – verglichen mit meiner Mittelmäßigkeit.

»Ich begleite Sie lieber an die Bar, bevor Sie noch weitere Gäste aus dem Gleichgewicht bringen«, schmunzelte er mit einem Augenzwinkern, in das ich mich schnurstracks verliebte.

»Ähm ... soso ... hm«, parierte ich schlagfertig.

Die von mir besuchten Seminare »Kommunikation I« und »Kommunikation II« waren demnach nicht gänzlich umsonst gewesen. Allein diese Stimme. Durften gutaussehende Männer zu allem Überfluss so wohltönende Laute von sich geben? Tief und angenehm, schmelzend und rau in einem, die ohne Vorwarnung meine feinen Nerven an speziellen Stellen kitzelten?

Gewandt bugsierte er mich durch die Menschenmenge, ich rückte mein imaginäres Krönchen zurecht, beutelte meine Unzulänglichkeit ab wie ein Foxterrier die letzten Regentropfen aus seinem Fell und humpelte neben meiner Eroberung Richtung Theke. Der Anprall dürfte nicht nur meine Kniescheibe, sondern simultan jenes Areal im Gehirn, das für die morphosyntaktische Sprachverarbeitung zuständig ist, gründlich angeknackst haben.

Mit einem »Hmpf« hebelte ich mich auf den Barhocker. Ausgezeichnet, dass ich meine Konversationsfähigkeit rechtzeitig anknipsen konnte. Mein Begleiter nahm neben mir Platz und strahlte mich unablässig an. Er hatte ein bezauberndes Lächeln. Dieses besondere mit Wangengrübchen und einem schalkhaften Funkeln in den grünen (verdammt) Augen. Ich sah ihn ein weiteres Mal eine Sekunde zu lang an. Im Repertoire »Peinlichkeiten bis zum Abwinken« hatte ich einiges drauf. Bevor die Situation unangenehm werden konnte, rief er dem dunkelhäutigen Mann hinter dem Tresen zu: »Zwei Bier, bitte!«

»Für mich auch!«, hörte ich mich ordern.

Schlagartig hatte ich mein Sprachvermögen wiedergefunden, das logische Denken hinkte gewissermaßen etwas hinterher.

Der Typ am Zapfhahn grinste unverschämt. Ein glattes »Drei Minus« im Vergleich zum »Zehn Plus«-Lächeln meines Gegenübers. Immerhin hatte ich seit dem Zusammenstoß meinen ersten grammatikalisch richtigen Halbsatz – mit Präposition, Personalpronomen, Partikel sowie Interpunktionszeichen – über die Lippen gebracht. Das beflügelte mich.

»Jetzt können wir in Stereo anstoßen«, schlug ich vor. Zweite perfekte Wortmeldung und weit und breit kein Fettnäpfchen, einzig ein anhaltend perfekter Augenkontakt als Antwort.

»Das tun wir! An der gemeinsamen Getränkebestellung müssen wir noch arbeiten«, meinte er fröhlich. Himmel, das war vielleicht ein aufreizend-freches, vielversprechendes Lächeln. Der Bursche war ein echter Hingucker. So beschissen der Abend angefangen hatte, nun versprach er unterhaltsam und vergnüglich wie lange keiner mehr zu werden.

»Perfekt, perfekt, perfekt«, dachte ich, und in null Komma nichts waren wir in ein angeregtes Gespräch und unsere Gläser vertieft. Ausgehend von den unnötigen Schirmchen auf den Cocktails, über kleine Privatbrauereien, Vorteile des Handy-Parkens, wenn man das Ding ausnahmsweise zur Hand hat, Sternzeichen und Sinnlosigkeit von guten Vorsätzen.

Ich genoss es, wie er den Barmann ungeduldig abwinkte, der uns den »Cocktail des Abends« ans Herz legen wollte und wie der sich nach der Abfuhr mit einem gekränkten »Na, dann lass ich die zwei Frischverliebten ungestört« verzog.

Ich zuckte zusammen. Das Letzte, was ich wollte, war, mich zu verlieben. Aber ein wenig Spaß und lockeres Flirtgeplänkel sollte mir doch vergönnt sein?

»Kennst du den?«, fragte mein Vis-à-vis mit diesem schelmischen Grinsen, das mich dahinschmelzen ließ. »Sagt der Arzt zum Patienten: ›Trinken Sie mal vier Wochen keinen Alkohol, danach schauen wir, ob sich ihre Krankheit bessert.‹ Meint der Patient: ›Ich trinke lieber vier Wochen lang die doppelte Menge Alkohol, und hinterher werden wir sehen, ob meine Krankheit sich verschlimmert hat!‹ Haha.«

Ja, kannte ich natürlich, aber so, wie der den erzählt hat, musste ich einfach lachen. Und prompt meldeten sich meine prickelnden Gedanken.

»Was für ein Geschenk! Ich freue mich bereits aufs Auspacken«, überlegte ich, denn er hatte dieses verlockende Glitzern in den Augen mit dem mich lange, zu lange kein Mann mehr angesehen hatte.

Unvermutet zückte er sein Smartphone.

Leider nicht, um den Parkschein zu verlängern, sondern um auf die Zeitangabe zu schauen und entschuldigend zu seufzen: »So sehr ich den Abend mit dir genossen habe, doch mein Flieger geht morgen um 08:00 Uhr, und ich muss allmählich fertig packen. Eigentlich war ich schon im Gehen, bevor mein Abend aus heiterem Himmel (erneut dieses verführerische Blitzen in seinem Blick) um zwei Bier verlängert wurde.«

»Dienstreise oder Urlaub?«, forschte ich nach, um herauszukriegen, wann ich ihn wiedersehen würde. »Weder noch, Gastprofessur für zwei Jahre an einer Privatuni in North Dakota. Mach's gut, und pass auf dich auf, dein Schutzengel hebt morgen selber ab!«

Und zwar, ohne mich um meine Telefonnummer zu bitten, bevor er entschwand. Diese Nacht hätte nach den gewöhnungsbedürftigen Speedromanzen absolut erfreulich enden können. Hätte! Wenn ich nicht die Gabe besäße, die falschen Männer anzuziehen wie ein Staubsauger Haargummis, Bleistiftstummeln und Nylonstrümpfe, die ihm zu nahe kommen.

Und Barkeeper, die mich teilnahmsvoll ansehen und süffisant murmeln »Hat wohl nicht ganz nach Wunsch geklappt?«

Ich funkelte ihn giftig an und zahlte das nachfolgende Getränk auf den Cent exakt.

»Dabei sehen Sie echt heiß aus!«

Zu spät! Von mir bekam er kein Trinkgeld, keinen koketten Augenaufschlag, keine Antwort mit Flirtnote. Nicht einmal meine Mundwinkel wollte ich hochziehen.

Beim »Bier for one« number three sinnierte ich über die Sinnhaftigkeit von Schutzengeln, die diesen Namen sowas von nicht verdienen.

Wie gelangt man eigentlich an den eigenen? Zu seinem himmlischen Aufpasser sagt man ja nicht: »Ja, ich will!« wie vor dem Traualtar. Dem Schutzengel wird man zugeteilt, unmöglich sich scheiden zu lassen, selbst wenn man mit ihm unzufrieden ist. Zusammen auf Gedeih und Verderb. Nun ja, bei unserer Schicksalsverbindung eher auf Verderb und Verderb. Auf ewig halt. Und das kann manchmal ganz schön lang sein.

Andererseits drängt sich unwillkürlich die kritische Nachfrage auf, was der für eine Qualifikation vorzuweisen hat? Schließlich hätte mich mein überirdischer Begleiter ebenso in ein Lokal zwei Gassen weiter führen können, wo mich der Mann hinter der Bar schmachtend ansieht und seufzt: »Jetzt bin ich schon 15 Jahre hier am Tresen, aber sowas Appetitliches ist mir noch nie untergekommen. Hallo Schönheit, setz dich her zu mir! Ich mixe dir einen Drink – Hot Sex on the Beach mit Chili-Vodka – in eineinhalb Stunden bin ich frei und dann überlegen wir zwei Hübschen, was wir mit dem angebrochenen Abend anfangen wollen.«

Nein, meiner lässt mich doppelt stolpern, über die Schwelle und in den falschen Mann. Erwähnte ich bereits: Es gibt Tage, da wird das Kopfschütteln zur Dauerbewegung wie bei einem Wackeldackel?

Mein Schutzengel ist eben selten zur Stelle, wenn ich ihn brauche. Sucht wahrscheinlich wie ich ständig sein Notruf-Handy oder hängt mit steinernen Komplizen auf dem Friedhof ab wie ein Grufti, statt sich um mich und mein ramponiertes Liebesleben zu kümmern.

Denn jedem Emanzipationsdrang zum Trotz und abseits aller Selbstverwirklichungstendenzen wäre ein Partner, der meine wiedererlangte Freiheit und Freizeit mit mir teilt, längerfristig durchaus nicht zu verachten.

Eine Online-Partnerbörse kommt für mich jedoch nicht infrage. Schönlügen gelingt mir auch so. Gegen das Internet sind Grimms Märchen und die Wetter-App Tatsachenberichte. Was einem da begegnet … habe ich mir sagen lassen! 1,80 Meter groß, dunkle Haare, feinsinnig, Haus im Grünen. Die Angaben stimmen allerdings ausschließlich, wenn sich der Angepriesene auf eine Bierkiste stellt, sein Toupet aufhat, den Bauch ein- und den Jogger auszieht und man, genau genommen frau, genug Fantasie besitzt, eine morsche Badehütte als Luxusvilla zu betrachten.

Heiratsannoncen in Printmedien sind da um nichts besser. Die muss man genauso lesen lernen. Und übersetzen können. »Mann mit Erfahrung« bedeutet entweder »unsteter Herzensbrecher« oder »jenseits der 70«, »ortsmäßig ungebunden« meint »Ich bin arbeitslos, habe kein Zuhause und ziehe sofort mit Sack und Pack bei dir ein« und »aufgeschlossen« hat nichts mit einem liberalen Wertehintergrund zu tun, sondern mit Praktiken in seiner Kammer, die einen Pornoladenbesitzer rot anlaufen lassen.

Solche Alkoholmengen kann ich gar nicht trinken, dass ich das schön finde. Obwohl, schöntrinken tun sich ja die Männer die Frauen. Frauen *reden* sich die Männer schön. Dabei trinken sie eventuell ein Gläschen. Oder ein zweites. Weil es sich bei einem Getränk halt um einiges leichter reden lässt.

»So ein lieber Hund!«

»Das ist ja nicht mitanzusehen! Warum willst du dich gleich wieder in ein neues Liebesabenteuer stürzen?«, versuchte sich Natalie wie eine besserwisserische Gouvernante.

Was heißt gleich? Die hatte eine Ahnung. Meine Liebe zu meinem Ehemann war bereits Jahre vor der Scheidung erloschen wie der müde Docht einer niederbrennenden Kerze. Und geliebt gefühlt habe ich mich seit Ewigkeiten nicht mehr. Da herrschte ordentlicher Nachholbedarf. Natalie sah das Ganze auf einer wesentlich pragmatischeren Ebene.

»Möchtest du nicht zunächst mit bescheidenen Erziehungsversuchen anfangen und dir fürs Erste einen Hund zulegen?«

Meine ehrliche Reaktion auf ihren beknackten Rat hätte »Bist du vollends bescheuert oder irgendwo angelaufen?« gelautet. Doch sie ließ mich nicht zu Wort kommen, sichtlich war ihre Frage rein rhetorisch gemeint gewesen. Ohne eine Antwort abzuwarten, zählte sie mir freihändig und aus dem Stand mehrere Argumente auf, die mir ihren Vorschlag schmackhaft machen sollten. Mit einem Vierbeiner könnte ich mich nicht bloß unterhalten wie mit meinem Saugroboter, sondern auch kuscheln. Und der wäre sogar noch dankbar für meine Zuwendung. Die bedingungslose Liebe eines zutraulichen Haustiers würde mir über meinen Kummer nach der Scheidung und dem unbefriedigenden Kurzauftritt des Mannes mit den süßen Grübchen, dem ich keine Telefonnummer wert gewesen war, hinweghelfen. Nicht zuletzt würde mich ein vierbeiniger Freund morgens schneller aus dem Bett holen und mir zu mehr Bewegung verhelfen, weil ich mit ihm Gassi gehen oder zumindest seine Hinterlassenschaft beseitigen müsste.

Ich schluckte die ehrliche Reaktion hinunter und murmelte zustimmend: »Du hast ja recht! Je mehr Männer ich kennenlerne, umso toller finde ich Hunde.«

Natalie freute sie sich über meine Einsicht. So viel zu Intelligenz und Menschenkenntnis einer besten Freundin.

Natürlich hatte die Sache mit einem Hund ihren Reiz für mich. Allerdings nicht als Partnerersatz, sondern als Mittel zum Zweck. Schließlich hatte ich oft genug beobachtet, wie Artgenossinnen mit einem Wauzi am anderen Ende der Leine reihenweise von attraktiven Männern angesprochen wurden.

Im Vorfeld einer solch folgenschweren Investition war selbstverständlich die grundsätzliche Frage zu klären, welcher Hund denn geeignet wäre, um mit dem passenden Herrchen ins Gespräch zu kommen.

Brauche ich einen Softie, der auf aufgemascherlte Fellhäufchen in Schickimicki-Handtaschen abfährt oder einen robusten Kerl, der mir hilft, den rabiaten Rottweiler zu bändigen? Das ist eine weitreichende Entscheidung, die da getroffen werden muss, bevor man mit einem energiegeladenen Irish Setter durch den Park tobt oder mit einem sanftmütigen Neufundländer-Teddybären beim Schwäne füttern abhängt.

Ohne empirisch gesicherte Daten ließ sich die richtige Entscheidung nicht treffen. Deshalb plante ich einen

Test mit Leihhunden. Ich wollte ja nicht die Katze – in diesem Fall halt den Flocki – im Sack kaufen.

Coco, der kurzsichtige Langhaarige von vis à vis kam aus zwei Gründen nicht infrage. Erstens war er wirklich trottelig, wenn er – blind wie ein Huhn – gegen Hindernisse knallte. Für das Herbeiführen peinlicher Situationen benötige ich keine Unterstützung, das schaffe ich mit links. Ganz allein! Unangeleint! Und zweitens war auch sein Herrchen ein Ausschließungsgrund. Bis ich diesem Computerfreak mein Anliegen nahegebracht hätte, wäre vermutlich sein Collie an Altersschwäche eingegangen. Glücklicherweise hatte ich genügend andere Optionen im Bekanntenkreis.

Umgehend stattete ich Kerstin, einer ehemaligen Schulkollegin, einen Besuch ab. Sie ist (unter uns gesagt) eine g'spritzte, jetzt schon zusätzlich aufgespritzte Tussi. Und hat so ein halbes Portiönchen Hund. Ein passender, sanfter Einstieg also in die Geschichte, damit danach noch Steigerungsstufen in puncto Größe, Kraft und Eigenwillen übrigblieben. Das immerhin hatte ich aus meiner Fallschirmerfahrung gelernt.

Es war nicht einfach, ihren Liebling für zwei, drei Stunden auszuborgen. Die Gute zierte sich gewaltig. Bestimmt fürchtete sie, ihr Wauwau mit zu wenig Schlaf würde sich in meiner Handtasche verirren. Oder sich eine irreparable Geschmacksverwirrung holen, wenn er einmal nicht in Louis Vuitton kutschiert wird.

»Ach, ich weiß nicht«, zwitscherte sie mit ihren vollen Lippen. »Fandango ist ja so fixiert auf sein Frauchen. Er will gar nicht in eine fremde Umgebung, das setzt ihm immens zu. Da kriegt er Herzklopfen und alle Zustände.«

Ich nahm mein ganzes Einfühlungsvermögen zusammen und fuhr sie an: »Hey, Kerstin, bleib cool. Ich will mit ihm ja nicht durch Vietnam trampen und ihn aus brackigen Schlammpfützen trinken lassen, sondern bloß in einen schicken Schanigarten stöckeln und mich dort bei einem Tässchen Grüntee nach geeignetem Männermaterial umsehen.«

Sie hatte wohl weitere überzogene Einwände auf Lager, doch dann fiel der Hyperfürsorglichen ein, dass sie zu einer Botoxsitzung musste. Folglich überließ sie mir – nach einer Abschiedsszene, aus der die Regisseure von Casablanca und E.T. noch lernen könnten – gnädigerweise ihren Zwerghamster in Hundegestalt.

Im Eilzugstempo packte ich Fandango in meine oversized Fake Gucci Tasche und trabte zum nächsten In-Café. Auf einem der Straße zugewandten Tischchen nahm ich ähnlich stilvoll wie die anderen blasierten Proseccoschnepfen Platz.

Kurz darauf begann mein Auftritt, den ich am Vorabend mit meinem Teddybären als Stunttierchen Punkt für Punkt durchchoreografiert hatte.

»Ja, wo ist es denn, das Hundchen? Na sowas hier, hinter dem Pillendöschen. Hab' ich dich! Schön da rausgucken. Ach nein, das ist ja mein Fellhandschuh. Hundsi, Hundsi, wo steckst du, du Handtaschenratte?«

Ein eleganter Herr in Kapitänsoutfit näherte sich meinem Tisch, während ich verzweifelt nach dem Minivierbeiner suchte.

»Der tät' mir gefallen«, befand ich.

Für Uniformen hatte ich von klein auf etwas übrig, solange ich sie nicht pflegen muss. Hörbar setzte ich hinzu: »So komm schon zum Frauchen. Da, sitz! Oder hänge meinetwegen über den Taschenrand. Bist ein Feiner, ganz ein Lieber … puh, wäh!!! Da ist ja alles feucht. Igittigitt! Hat das Scheißhundsi in meine Handtasche gepisst. So ein böses Viecherl!«

Der Schönling im dunkelblauen Anzug mit den vier goldenen Streifen und dem blankpolierten Stern auf den Schulterklappen sah mich strafend an. Ich konnte mir lebhaft vorstellen, wie er seine Mannschaft beim allmorgendlichen Inspizieren zusammenstauchte.

»Nein, ich bin keine Rabentiermutter! Ja, ich weiß, das ist eine äußerst sensible Rasse und mein Schimpfen zu laut für seine Miniohren. Dabei liebe ich ihn schrecklich, bin sonst eine wirkliche Hundeflüsterin. Mein süßes Herzibinki, hast du zu viel Champagner geschlürft? Vielleicht trinkt der fesche Onkel einen mit uns?«, säuselte ich hingebungsvoll und versuchte, in seinen Augen einen winzigen Lichtstreifen von Güte, Interesse an mir oder zumindest Alkoholgelüste zu entdecken.

Der Uniformierte musterte mich kalt. Das Einzige an ihm, das glitzerte, war der Goldstern.

»Ich gebe gern zu, dass Fandango kleine, zarte Ohren hat«, argumentierte ich, »pinkeln und muffeln tut er jedenfalls wie ein Großer.«

Kapitän »Finstere Augenbraue« ging wortlos an uns vorbei. Ich rief ihm hinterher: »Ich bin im Grunde genommen eine außerordentlich Liebe, Sanfte …«

Er entschwand meinen Blicken, ich zuckte mit den Schultern: »Da geht er hin, der Hundeversteher.«

Erschüttert durch diesen Misserfolg wollte ich mich nach einer Leihgabe in mittlerer Größe umsehen. Nach einem Hund, der nicht getragen werden musste, sondern von allein rennt. Nun, »rennen« war – im Nachhinein betrachtet – etwas übertrieben formuliert.

Meine Friseurin fiel mir ein. Die hat einen Zuchtmops, so eine kleine Walze, die im Laden über den Boden rollt und sich dabei mit fremden Haaren schmückt.

Ich platzte in ihren Salon und fragte sie entschlossen: »Liebste Fritzi, du verbringst den ganzen Tag hier im Salon. Sag, braucht dein kurzbeiniger und kurzatmiger Staubwischer nicht ein wenig Luftveränderung?«

Der Begriff »Auslauf« wollte mir angesichts seines trägen Bewegungsapparats einfach nicht über die Lippen kommen.

Sie freute sich sichtlich über meinen Besuch und schenkte mir sogleich ein Glas Sekt ein. Ihre Stimmung wechselte allerdings blitzartig, während sie mich kritisch musterte.

Fritzi blies ihren Kaugummi zu einer riesigen Blase, bis diese platzte und maßregelte mich verdrossen: »Möglich, das mit der Luftveränderung. Vorerst zu dir: Weißt du, was mich traurig macht?«

Ich hatte natürlich prompt das voll schlechte Gewissen und wollte geistesgegenwärtig zu einer Rechtfertigung ansetzen. Dabei hatte sie meine egoistischen Motive keineswegs durchschaut.

»Dein Haar! Deprimierend! Dass du dich damit überhaupt unter Leute traust. Das verlangt sowas von einem neuen Schnitt, frische Farbe, mehr Fülle. Aber lass mich ein paar Minuten ran, das Ergebnis wird dich umhauen!«

Um ihre depressive Stimmung zu unterstreichen, zog sie einen Flunsch und trank das Glas Sekt, das sie eingegossen hatte, meinen Sekt wohlgemerkt, in einem

Zug aus. Schließlich ertrug sie neben meiner angeblich schauderhaften Frisur jede Menge nervtötendes Geschwätz über neue Kniegelenke, verpatzte Fernreisen, wetterbedingte Hüft- und menstruationsbedingte Kopfschmerzen sowie Nachbarschaftsstreitereien ihrer Kundinnen. Da kann eine mir nichts, dir nichts zur Frusttrinkerin werden.

Zwei Stunden später zog ich los, ohne einen Schluck Schaumwein, dafür mit frechem Haarschnitt, neuer Welle und Farbsträhnen. Alles um sage und schreibe 198 Euro Freundschaftspreis! *Das* hat mich umgehauen. Um dieses Geld hätte ich mir einen Hund aus dem Tierheim plus Halsband, Fressnapf sowie Hundesteuer und Futtervorrat für ein Monat anschaffen können. Sogar einen Hund mit einem Aussehen, das bei anderen Rassen kein Getuschel, bei Nachbars Katze keine Lachkrämpfe und bei Schildkröten keine Lust auf ein Wettrennen hervorruft.

»Zog« war der passende Ausdruck. Ein Spaziergang mit Leo, dem lethargischen Rollmops, war eine Geduldsprobe. Eine herausfordernde Schleifaktion mit Muskelkater im Arm für mich und heißem Bauch wegen der Reibung für meinen vierbeinigen Begleiter.

Wir kamen bis zur nächsten Querstraße.

Ich raunte ihm zu: »So beweg dich doch! Warst mit Sicherheit als Echse geplant und bist durch eine verblödete Laune der Natur in Mopsgestalt zur Welt gekommen. Biiitte, die Autofahrer werden schon ungeduldig! Eine Ampel hätte zwischenzeitlich dreimal ihre Farbe gewechselt. Mut, mein Schatz, das ist die Kante vom weißen Balken des Zebrastreifens – brauchst nicht zu springen. Galopp, Galopp, es sind nur mehr eineinhalb

Meter bis zum Gehsteig. Oh, da vorn, bei der Bushaltestelle, der mit dem blitzblauen Parka, der ist genau mein Beuteschema. Beweg dich, bevor es dunkel wird! Ja, das ist eine kleine Stufe von der Fahrbahn auf den Gehweg, wir haben es gleich geschafft. Na, ›hopp‹! Oder ›walz‹ von mir aus. Wird's schon? Der Bus rollt heran!«

Ich wurde zappelig. Verdammt, das öffentliche Verkehrsmittel näherte sich zügig der wartenden Gruppe.

»Du bockige Schlafmütze. Wenn du wenigstens adrett aussehen würdest, tät sich vielleicht einer erbarmen und mir helfen. Alles bleibt an mir hängen.«

Tatsächlich musste ich mich bücken und den schwergewichtigen Hund auf den Gehsteig hieven. Als ich ihn schnaufend abstellte und mir mit der Hand über meine schweißnasse Stirn wischte, konnte ich dem abfahrenden Bus nur noch hinterherseufzen. Dann war er weg, der Bus inklusive Boy. Ein Blick auf mein Handy zeigte mir, dass es bereits weit nach 17:00 Uhr war. Also drehten wir um und traten den mühsamen Retourweg auf die gegenüberliegende Straßenseite an.

Na, das war lähmend. Ein Fünfviertelstunden-Spaziergang einmal über die Straße und retour. Der Gang zum Bäcker zwei Gassen weiter würde mit Leo wahrscheinlich zu einer Tagesexpedition ausarten. Da musste etwas Flotteres her! Ein Hund, der nicht bloß von allein rennt, sondern eine Gangart draufhat, die dieses Verb auch verdient.

Wie passend, dass mein Onkel Viktor sich das Bein gebrochen hat. Das klingt jetzt nicht überdrüber empathisch, ich weiß. Eigentlich meine ich, wie passend, dass er – mit Gipsbein bestückt – jemand zum Betreuen seiner Windhündin brauchte.

Nomen est omen! Mit *dem* Vieh war ich rasant unterwegs. Und seit damals weiß ich nur zu genau, wie leicht es mit einem dermaßen lebhaften Tier zu einer Verletzung kommen kann.

Mein Onkel, ein schneidiger, pensionierter Oberstudienrat, hat die seltsame Angewohnheit, selbst im Smalltalk seinen Gesprächspartnern Quizfragen zu stellen. Ich habe an sich schon eine Aversion gegen Kreuzworträtsel, aber da darf ich zumindest in Ruhe überlegen, im Lexikon nachschlagen oder Doktor Google ausquetschen. Bei Onkel Viktor hat man stramm zu stehen, wie aus der Pistole geschossen zu antworten und darf sich erst nach einem »Sehr gut! Setzen!« niederlassen. Erneut blieb mir eine strenge Prüfung nicht erspart, bevor ich mit seinem afghanischen Hetzhund loshechten konnte.

»Frage Eins: Wie heißt das, großteils in Afghanistan liegende Hochland, von dem die ursprünglichsten Windhundrassen stammen? Nun, ich warte! Keine Antwort? Das gibt ein dickes, fettes Minus. Nenne die drei Gruppen, in die die Rasse der Windhunde eingeteilt wird. Auch keine Ahnung? Das kann keine positive Note mehr werden. Wer zählt nach den Geparden zu den schnellsten Landtieren der Erde? … Ja, der Windhund. Zugegeben, das war eine Volksschulfrage. Nächstens bist du besser vorbereitet! … Ich habe das ›Ja‹ nicht gehört!?«

Onkel Viktor war in Fahrt. Sein hinderliches Gipsbein trug nicht zu besserer Stimmung oder gnädiger Milde bei. Au contraire!

»Die Antworten auf die ersten beiden Fragen lauten ›Hindukusch‹ und ›in langhaarige, rauhaarige und kurzhaarige‹. Das schreibst du drei Mal auf den Notizblock da, damit du dir das merkst. Und dann ab mit euch! Hinaus, hinaus!«

Ich schlüpfte in meine Sneakers und setzte die Baskenmütze im Hinausgehen auf, bevor mich Onkel Viktor mit einem Vortrag über Kopfbedeckungen im Allgemeinen, über die Erfindung der Baskenmütze im Besonderen und Einzelheiten zu Frankreich und Napoleon III als Draufgabe nerven sowie mich über meine diesbezüglichen Kenntnisse ausquetschen konnte.

Wer hier mit wem Gassi ging, war schnell geklärt. Samra stürzte ins Freie, ich hing mit der einen Hand hinter ihr an der Leine, mit der zweiten musste ich meine rote Kappe festhalten. Keuchend japste ich dem ungestümen Windhund, der seiner Rasse alle Ehre machte, im Schlepptau hinterher.

Samra toppte jeden Gepard und löste bei allen anderen Hunden im Park Minderwertigkeitskomplexe aus. Im Nu hatte ich Seitenstechen, tränende Augen vom Gegenwind und einen neuen Rekord im Dauerlauf errungen. Außerdem dutzende Tauben aufgescheucht, einen kleinen, süßen Buben vom Dreiradler gefegt und den Zeitschriftenständer vom Kiosk meterlang mitgeschleppt. Abgesehen davon bekam ich von meiner Umgebung rein gar nichts mit. Wer weiß, an wie vielen aussichtsreichen Kandidaten ich vorbeisauste?

»Eine kleine Pause! Biiitte!!!«, flehte ich mein Zugpferd an. 30 Kilogramm Hund hielten dagegen. »Da zu der Bank, ich will meine Beine hochlagern und ein wenig Ausschau halten. Wirst du überhaupt nicht müde?«

Ich flog an einem freundlichen Mann mit Zeitung vorbei. Im Vorüberhasten antwortete ich ihm völlig außer Atem: »Ja, sie ist eine ganz Liebe, ein richtiges Energiebündel ... ja, wie ich auch ... danke! ... Zu Ihnen setzen? .... Plaudern? ... Sehr gern! ... Leider hat Samra völlig widersprüchliche Pläne ... Liebeskiller! Bestie! Windhund, elendiger! Autsch!«

Es schepperte gewaltig, als ich gegen die Mülltonne am Wegesrand donnerte.

»Woher stammt bloß der Mythos vom Hund, dem besten Freund des Menschen?«, schoss es mir durch den Kopf, während ich von Samra weiter auf das angrenzende Rasenstück geschleift wurde. Da lobe ich mir alternative Verbündete, beispielsweise eine Flasche Rotwein, einen Banane-Stracciatella-Rieseneisbecher oder einen Late-Night-Film mit meinem vibrierenden Pinguin.

»Fuck you!«

»Ich will keine Schokolade, ich will lieber das Papier« entzifferte ich nach meiner unsanften Landung – Auge in Auge mit dem mitgerissenen Mistkübel. Echt jetzt?

Das war wieder ein Best-of meinerseits. Eine Super-De-Luxe-Peinlichkeit. Ein Zusammenschnitt aus »Uschi peinlich 1 bis 3«, »Einfach zum Vergessen« und »Kopfschütteln von der Wiege bis zur Bahre« wie ich da, ziemlich lädiert, auf dem Rasenstück, unweit der Hinweistafel »Betreten verboten«, umringt von einer Bananenschale, leergefutterten Einwickelpapieren und leergerauchten Zigarettenpackungen, zerknautschten Blechdosen (hallo, wo bleibt die Mülltrennung, liebe umweltbewusste Mitmenschen) und etlichen prall gefüllten Hundekackesäckchen saß.

Der beeindruckend gebaute Sportler, der mich kurz vor meinem Abflug ins Grüne überholt hatte, drehte sich mit elastisch-federnden Schritten um. Wahrscheinlich hatte ihn mein donnernder Aufprall dazu veranlasst. Er besaß eine knackige Figur, sein Gesicht konnte ich aufgrund der tief stehenden Sonne nicht erkennen. Eine schwarze Silhouette, ein Gegenlichtschattenriss, beeindruckend gebaut wie gesagt.

»Rennst du eigentlich immer in etwas hinein?«, fragte eine Stimme, die ich an ihrem Lächeln erkannte.

Na prima! Und ich hatte gedacht, es könnte nicht unangenehmer kommen. Musste denn jedes Zusammentreffen mit diesem Mann mit Schamgefühl und

Schmerzen verbunden sein? Steht sicher in der Auflistung bewährter Verführungsregeln: Präsentiere dich dem Mann deiner Träume verletzt inmitten eines Haufens Unrat. Zu der Schürfwunde an der Wade, die vom scharfkantigen Rand des Mülleimers in Mitleidenschaft gezogen war, meinen schmerzenden Handgelenken und dem heftig geprellten linken Knöchel kam mein gebrochenes Herz hinzu. Einen Sprung hatte es ja bereits seit seinem hastigen Aufbruch an unserem ersten gemeinsamen Abend abgekriegt.

Ich konnte deutlich spüren, wie meine Wangen heiß anliefen und begann, leicht zu zittern. Das musste eine Nachwirkung des unvermuteten Sturzes sein. Meine Enttäuschung über seine Lüge (von wegen Abheben mit Ziel Nordamerika) verpackte ich gleichermaßen eloquent wie unmissverständlich in zwei Worte: »Fuck you!«

»Ist das die englische Kurzformel für ›Für mich auch zwei Bier‹?«, schmunzelte er.

Mist, da war es schon wieder, dieses bewusst gelassen-dreiste Lächeln, das mein Herz (und nicht nur das) zu intensivem Pulsieren bewegte.

Zum Scherzen war mir augenblicklich nicht zumute, obwohl ich selten um vorlaute Sprüche verlegen und an sich eine aufgeweckte Person bin. Außer in den frühmorgendlichen Minuten. Oder es verschlägt mir wie jetzt derart die Sprache, dass ich statt sinnvoller, pfiffiger Antworten lediglich leere Sprechblasen von mir gebe.

Tagelang hatte ich sehnsuchtsvolle Gedanken über den großen Teich geschickt. Wer weiß, wer die aufgefangen hat?

Tagelang sprudelte die Erinnerung an meine Zufallsbekanntschaft in mir wie eine endlos schäumende Vitamin C Tablette.

Tagelang (und Nächte, die Nächte nicht zu vergessen) fühlte ich mich wie elektrisch aufgeladen.

Dabei war der Gauner die ganze Zeit hier gewesen. Hatte einfach einen versnobten Grund für seinen Abgang aus der Bar gebraucht. So ein Mistkerl! Und damit meinte ich gewiss nicht den gelöcherten Metalleimer vor meiner Nase.

Vergnügt beugte sich der Mistkerl zu mir herunter (vermutlich um mir seine beiden süßen Grübchen aus der Nähe zu zeigen) und streckte mir eine Hand entgegen. Ich musterte ihn angestrengt, ob sich in seinen Augen einen Hauch Interesse an mir oder eher Spott ablesen ließe. In dieser Hinsicht war ich sozusagen Analphabetin. Prophylaktisch warf ich ihm einen angemessen interessiert-desinteressierten Blick zu, den ich zu Tanzschultagen vor dem Spiegel eingeübt hatte.

In diesem Moment tauchten hinter ihm zwei Polizisten sowie eine ungeschminkte Frau mittleren Alters mit dunkelblondem, locker gebundenen Pferdeschwanz auf. Vom Aussehen her keine Konkurrenz, befand ich beim routinemäßigen Check in Sekundenbruchteilen. Erst recht nach meinem gestrigen Friseurbesuch! Allerdings hatte sie den unschätzbaren Vorteil, auf zwei heilen Beinen zu stehen, saubere Hände vorweisen zu können und insgesamt einen gesitteten Eindruck zu hinterlassen. Sie warf »meinem« Bekannten einen auffordernden Blick zu. Unerhört! Dieser Mann sammelte Trophäen in Form von Mädchenherzen wie ein Fliegenfänger seine summenden Opfer.

»Irgendwelche Probleme?«, schnarrte der ältere der beiden Uniformierten.

»Überfall? Beziehungsstreit? Bandenkrieg?«, vervollständigte der Jüngere, der sich unbestritten zu viele Folgen von »Law & Order New York« und »Criminal Minds« reingezogen hatte.

»Sozialarbeiterin Lisa Brandstätter«, stellte sich die Dritte der Parkpatrouille vor. Vielleicht hieß sie auch Brandstetter oder Prandstätter. Das Namenskärtchen zeichnete sich durch lächerlich kleine Buchstaben aus.

»Wurden Sie belästigt? Gestalkt? Angegriffen? Wir sorgen dafür, dass öffentliche Parkanlagen, speziell für Frauen, sicherer werden. Die Überfälle und Übergriffe häufen sich.«

Tatsächlich hatte ich ihren Blick zuvor falsch gedeutet. Sie schien an meiner Eroberung nicht als potenziellen Heiratskandidaten, sondern als Vertreter eines bestimmten Täterprofils interessiert zu sein.

»Nein, nein«, stellte ich richtig. »Meine Hündin hat mich mitgerissen, weil sie die Krähen da auf der Wiese jagen wollte.«

Keine wirklich glaubwürdige Geschichte. Samra stand die längste Zeit geduldig wie eine Zecke und friedlich wie ein Schäfchen neben mir, schnüffelte nur hie und da, um Witterung von Artgenossen (eine herrliche Fundgrube für Hundedatings) aufzunehmen. Von den Rabenvögeln fehlte natürlich ebenfalls jede Spur.

»Mir können Sie offen die Wahrheit sagen«, insistierte Lisa weiter. »Wir unterstützen misshandelte Frauen, sorgen für angemessene Bestrafung der Täter, indem wir die Betroffenen bei ihrer Anzeige auf die Polizei begleiten und organisieren Plätze im Frauenhaus.«

»Halt die Klappe, Emanzen-Lisa«, wurde sie vom älteren Polizisten rüde zurechtgewiesen. »Du hörst doch, dass hier kein Handlungsbedarf für dich und deine Hilflosentruppe vorliegt.«

Lisa warf ihm einen bitterbösen Blick zu, den ich mit »Macho-Arschloch« übersetzen würde.

»Das heißt Selbsthilfegruppe, du Macho-Arschloch!«

Korrekt übersetzt, lobte ich mich im Stillen.

»Können Sie den Unfallhergang bestätigen?«, wandte sich der Kriminaler an den Sportler mit den hitverdächtigen Grübchen. Unverkennbar zweifelte er an meiner Aussage. Und an meinem Verstand.

»Nur als Geräuschkulisse«, meinte dieser. »Die beiden waren ganz schön flott unterwegs, wie ich zuvor beobachten konnte. Kurz nachdem ich Frauchen und Zughund überholt hatte, krachte es auch schon. Ich bin ziemlich erschrocken. Dachte zuerst, hinter mir sei eine Drohne aufgeschlagen. Als ich mich instinktiv umdrehte, saß sie wie jetzt im Gras.«

»Hast du sonst noch Demütigendes vorzubringen«, grummelte ich in mich hinein. »Mich in peinliche Situationen zu bringen, gehört zu meinen leichtesten Übungen. Das muss nicht extra betont werden, vor der Exekutive erst recht nicht.«

»Augenscheinlich über die Raseneinfassung gestürzt«, mutmaßte der jüngere Polizist mit detektivischem Durchblick. »Und im Zuge dessen das Stadteigentum beschädigt«, setzte er kleinlich hinzu.

Dabei versuchte er sich am kriminalistisch-zufriedenem Gesichtsausdruck seiner Vorbilder, nachdem diese einen Fall von Kindesentführung oder Schutzgelderpressung gelöst hatten, wirkte jedoch bloß wie einer, der das Namensschild von Emanzen-Lisa selbst aus nächster Nähe nicht zu entziffern vermochte.

Sein Kollege warf ihm einen geringschätzigen Blick zu, der meiner Einschätzung nach so viel wie »Klappe, Jungspund! Hol mir lieber eine Wurstsemmel!« bedeutete.

»Können Sie uns morgen ab 08:00 Uhr in der Wachstube neben dem Osttor einen Besuch abstatten und Ihre Aussage zu Protokoll geben? Nur, falls da eine Versicherungssache draus werden sollte.«

»Kann er nicht«, ätzte ich bissig. »Da muss er nämlich nach North Dakota!«

»Kann ich nicht. Morgen fliege ich nämlich nach North Dakota«, antwortete der Mistkerl.

Und an mich gewandt: »Hast du meine Nachricht doch abgehört?«

So eine warme, geschmeidige »Mousse au Chocolat«-Stimme müsste eigentlich verboten werden. Seine Frage klang verwundert und enttäuscht zugleich. Die Grübchen verschwanden aus seinem Gesicht, sein Blick wurde nachdenklich.

Unterdessen meldete sich die Frauenrechtlerin: »Sie kennen sich demnach sehr wohl?«

Lisa war in ihrem Element.

»Trauen Sie sich vor Ihrem Lebensgefährten nicht zuzugeben, dass er Sie gestoßen und umgeworfen hat?«, wollte sie teilnahmsvoll von mir wissen.

»Wenn hier je einer umgeworfen wurde, dann ich von ihr … also fast … und das vollkommen unbeabsichtigt. Sie rennt einfach gern in jemand oder etwas hinein«, ergänzte der Zeuge mit dem tiefgründigen Blick eilends, weil der ältere Polizist seinen Notizblock, der jüngere sein Walkie-Talkie, Lisa ihr Handy zückte und ich ihn (als kostenlose Draufgabe) bitterböse ansah.

»Ein klarer Fall für die Neurologie«, meinte Lisa mitleidig. »Das deutet auf posttraumatische Spätfolgen nach Misshandlungen hin.«

»Eher auf einen Fall für die Drogenbehörde«, widersprach der jüngere Polizist. »Gleichgewichts- und Orientierungsprobleme sind typisch für Suchtverhalten.«

»Oder ein Fall von Gewalt gegen Männer«, schoss der ältere Polizist eine giftige Attacke Richtung Emanzen-Lisa ab.

»Nichts von all dem. Bloß ein Fall von … ach, was weiß ich? Von … von … ›Fuck you‹ wahrscheinlich. Hier haben Sie meine Daten. Ich komme heute verlässlich bei Ihnen vorbei, muss mich nur rasch duschen und umziehen.«

Und weg war er, mein verlogener Schutzengel. Schöner Laufstil übrigens.

Der Polizist steckte die Visitenkarte nachlässig ein. Ich hatte natürlich keine gekriegt. Frauen, die ihre One-Evening-Bekanntschaften beim unverhofften Wiedersehen mit »Fuck you« begrüßen, haben – in breiter Übereinstimmung gesellschaftlicher Gepflogenheiten – auch keine verdient.

Zu der von ihm erwähnten, abgehörten oder überhörten Nachricht hatte ich keine nähere Erläuterung erhalten.

Dafür war ich den Beamten noch eine schuldig.

»Das mit North Dakota sagt er jedes Mal, das ist so eine Masche von ihm«, informierte ich die Sicherheitstruppe. »Wenn mir jemand vielleicht aufhelfen könnte?«

Samra stand weiterhin wie ein Unschuldslamm an der losen Leine neben mir.

»Nehmen Sie Ihren ausgelassenen Hund«, freute sich der jüngere Polizist über sein tiefgründiges Wortspiel, »und gehen Sie zurück auf den Weg. Das Betreten des Rasens ist nämlich verboten. Von böswilliger Sachbeschädigung ganz zu schweigen.«

Ich antwortete mit einem unauffällig hochgestreckten Mittelfinger.

Abschließend steckte mir Lisa ihr Visitenkärtchen zu. Magerer Ausgleich zur Karte des Joggers.

»Lisa Brandstetter, Gemeindesozialarbeiterin, Frauenbeauftragte und Mediatorin« stand darauf.

Nicht, um meine quälende Frage, wie sich ihr Nachname korrekt schreibt, zu beantworten. Nein, um mir verschwörerisch zuzuraunen: »Melden Sie sich. Ich unterstütze Sie! Wir Frauen müssen doch zusammenhalten!«

Gemäß dem Sprichwort »Alle guten Dinge sind drei« war mein Wunsch nach einem vierbeinigen Freund jäh beendet.

Abgesehen von angepinkelten Handtaschen, obszönen Beleidigungen ungeduldiger Autolenker und sinnlosen Verletzungen wäre zudem jede Menge Erziehungsarbeit zu leisten. Ich meine mit dem Hund als Neuzugang, nicht mit dem erwarteten Beipack-Mann.

Jetzt bin ich endlich meinen spätpubertären, nicht erwachsen werden wollenden Ex losgeworden, soll ich dem Hund erklären, dass er die Patschen nicht zu zerbeißen, sondern zu apportieren hat und dass er, wenn er um die Zeitung zum Kiosk rennt, nicht auf

Nimmerwiedersehen verschwindet? Nach dem Motto: »Ich geh' mal schnell Zigaretten holen, Schatz.«

Bis ich den Flocki so weit habe, dass er pariert, ist der voraussichtlich derart altersmüde, dass ich ihn die Stiegen rauftragen und sein Fressen vorkauen muss.

Daher besser kein wedelnder Mitbewohner. Komische Geräusche beim Schlafen und jede Menge Haare im Bett kann ich von einem Mann auch haben – da erspare ich mir zumindest die Hundesteuer.

»Sie haben fünf neue Nachrichten!«

Erste Aktion nach meinem missglückten Hundeausflug war, wie könnte es anders sein, die Suche nach meinem verflixten Forty.

Davor hatte ich Samra ordnungsgemäß bei Onkel Viktor abgeliefert und mir von ihm (gratis, mit Nickerlaubnis und ermüdend, enorm ermüdend) eine ausführliche Belehrung über die früher häufig tödlich verlaufende Infektionskrankheit Wundstarrkrampf anhören und die Frage nach dem Entwickler des passenden Impfstoffs beantworten müssen. Wusste ich natürlich nicht und erntete aufgrund der mir gestatteten drei Rateversuche »Robert Koch?«, »Irgendwer Pasteur?« und »Daniel Düsentrieb?« einen vernichtenden Blick plus einen Kurzvortrag über den deutschen Mediziner Emil Adolf Behring, der nicht nur Begründer der Blutserumtherapie war, sondern 1901 den ersten Nobelpreis für Medizin erhielt. Schande über mich und meine Bildungslücken. Wenigstens wurde ich wegen meiner Verletzungen vom Nachsitzen und Strafeschreiben befreit. Nicht aus Milde. Wahrscheinlich hatte mein Oheim bloß Angst, ich würde neben den Fliesen im Vorzimmer zusätzlich den Perserteppich unter seinem Schreibtisch mit meinen Bluttropfen versauen.

Mein zweiter Zwischenstopp führte mich notgedrungen in die Unfallambulanz zur professionellen Wundreinigung, zum Röntgen des schmerzenden Knöchels und zur dringend angeratenen Tetanusauffrischung, die in Form eines Kombinationsimpfstoffs gleichzeitig vor Diphtherie und Keuchhusten schützen würde. Allerdings nicht vor »Fuck you«-Herzbeschwerden. Dazu war bislang kein probates Heilmittel gefunden worden, soviel stand fest.

Erfreulicherweise hatte mein Handy ein Einsehen und ließ sich im Gegensatz zu bisherigen Suchaktionen innerhalb einiger Minuten unter der flüchtig studierten und achtlos hingeworfenen Morgenzeitung auftreiben.

Tatsächlich hielt es mir auf der Sprachmitteilungs-App vorwurfsvoll fünf unabgehörte Nachrichten vor die Nase.

»Anruf eins von fünf neuen Nachrichten. Die Nachricht ist vier Tage alt«, setzte die Mobilbox die Vorhaltungen des Displays fort.

»Hallo Uschi, hier Kerstin!«

Eigenartig, wie verquollen ihre Stimme wirkte. Entweder waren das noch Nachwehen vom Lippenaufspritzen oder sie hatte ein Megahardcore-Beruhigungsmittel eingeworfen.

»Fandango ist nach dem Ausflug mit dir völlig verstört. Gestern musste ich mit ihm zum Tierpsychologen. Ich habe gute Lust, dir die Rechnung zu schicken. Was hast du nur mit ihm gemacht?«

Ich drückte die Löschfunktion und murmelte: »Was zum Schönheitspflaster lallst du? Na ja, verstörtes Viecherl, gestörtes Frauchen – passt doch!«

Nächste Nachricht.

»Anruf zwei von fünf neuen Nachrichten. Die Nachricht ist drei Tage alt.«

Wollte mir die Sprachbox jetzt jedes Mal mit einer Rüge kommen?

»Hier Ordination Doktor Thaler. Wir erinnern Sie routinemäßig an die vereinbarte Zahnhygiene am Mittwoch um 14:00 Uhr. Bitte bringen Sie Ihre E-Card mit und verständigen Sie uns, falls Sie den Termin nicht einhalten können.«

Nächste Nachricht: »Anruf drei von fünf neuen Nachrichten. Die Nachricht ist drei Tage alt.«

Echt nervig. Wie meine Mutter früher mit ihren Endlosermahnungen.

»Hi, mein gefallener Engel! War gar nicht so easy an deine Telefonnummer zu gelangen, wenn man nur einen Vornamen weiß. Die Uni in North Dakota hat das mit dem Nichteinwanderungsvisum in die USA nicht hingekriegt, meine Abreise verzögert sich. Ich muss bis kommenden Montag warten. Was hältst du davon, wenn du morgen um dieselbe Stunde wieder in die Bar und meine Arme stolperst? Ich gehe davon aus, dass wir uns sehen. Brauchst dich also nur zu melden, wenn du keine Zeit oder Lust hast. Freu' mich!«

Seine Stimme klang vielversprechend.

»Anruf vier von fünf neuen Nachrichten. Die Nachricht ist zwei Tage alt: Hi, hier spricht dein Schutzengel. Es ist 15 Minuten über meinem Vorschlag. Ich hoffe, du bist nicht in ein Auto oder eine Glastür gerannt, sondern lässt mich einfach noch ein wenig zappeln. Sicherheitshalber habe ich uns schon mal vier Bier bestellt.«

Seine Stimme hörte sich nach einer Mischung aus Besorgnis und Vorfreude an.

»Anruf fünf von fünf neuen Nachrichten. Die Nachricht ist zwei Tage alt: Ein kaltes, ein lauwarmes und zwei schale, zu warme Bier habe ich gewartet. Vielleicht hätte ich sie langsamer trinken sollen? Du wirst wahrscheinlich nicht mehr auftauchen!? Schade!«

Seine Stimme verriet Enttäuschung und gleichzeitig eine gewisse Verärgerung. Und einen kleinen Schwips. Wie gern wäre ich neben ihm gesessen.

»Keine weiteren Nachrichten. Sie können …«

»Ja, Sie können mich auch!«, fauchte ich das schuldlose Handy an. Dabei hatte es alle einlangenden Nachrichten aufgezeichnet, zahlenmäßig korrekt erfasst und sie mustergültig in einem roten Kreis im rechten, oberen Eck der App angezeigt. Mehr konnte das Ding wirklich nicht tun für mich. Ich müsste halt öfter ein Auge darauf und Interesse daran haben.

Was für ein Desaster! Mir wird schwindlig. Eine Nachwirkung der Impfung? Des Schmerzmittels? Der Mobilbox-Anklagen? Mein Leben gleicht momentan einer Schlittenfahrt. Nur ohne Schlitten. Und ohne Schnee. Und selbstverständlich ohne Spaß. Aber bergab geht es! Huiii! Steiler und schneller als mir lieb ist.

Ich speichere die neue Nummer in meiner Kontaktliste unter »G« wie Grübchenmann, dazu ein Fragezeichen anstelle eines Vornamens. Das ist nämlich wieder so eine peinliche Sache …

Eine Zeile darunter springt mir der Nachname meiner langjährigen besseren Hälfte entgegen und erwischt mich komplett auf dem falschen Fuß. Trotz allen Ärgers, aller Zerwürfnisse, aller Verletzungen habe ich es noch nicht über mich gebracht, seine Telefonnummer zu löschen. Ich starre auf die Ziffern, die verschwommen zu tanzen beginnen. Warum ist bloß alles dermaßen kompliziert? In meinen Gedanken schwingt neben Frust und Hilflosigkeit auch Traurigkeit mit, Wehmut über Versäumtes, Zerbrochenes, gemeinsam Erlebtes. Plötzlich juckt es mich, Pauls Nummer anzuwählen. Nur, um zu fragen, ob er sich inzwischen in seiner neuen Bleibe eingewöhnt hat, ob er seine »Arbeits«hose, die ich in »unserem« Kellerabteil entdeckt habe, vermisst und ob ich ihm das Rezept vom Nudelsalat schicken soll, den er so gern gegessen hat.

Dann lasse ich es. Angenommen, er hebt nicht ab, müsste ich auf seine Sprachbox reden. Meine konservierte Stimme mag ich ihm hundertpro nicht schenken. Er war zwar nie einer, der Gemütslagen großartig mitgekriegt hat, aber den Kloß, der mir im Hals steckt, könnte vermutlich selbst er wahrnehmen. Und das vertrage ich nicht. Ebenso wenig wie sein unwirsches »Was gibt's?« beim Melden. Und schon gar nicht will ich eine Frauenstimme vernehmen, die mich aushorcht, wer ich sei. Und dass sie ihrem Schnuckel meinen Anruf ausrichtet, sobald der sich nach seinem Arbeitsprozess vom Sofa erhebt, von dem ich sie soeben aufgescheucht habe.

Während ich mir eine solche Szene ausmale, merke ich, wie sich Ärger und leise Wut zu meiner Traurigkeit gesellen. Hauptsächlich zielen die negativen Gefühle auf meinen Ex ab, daneben natürlich auf das Dasein an sich, das bei mir gänzlich anders verläuft, als romantische Liebesfilme es vorgaukeln. Dort gibt es zwar genauso unvermeidliche Turbulenzen, Missverständnisse, Beziehungskrisen und eine Fülle von Komplikationen (logischerweise, sonst würde jedes cineastische Werk auf die Länge eines Werbespots schrumpfen), doch am Ende kommt zusammen, was zusammengehört, erfüllt sich der Lebenstraum mit dem Heißgeliebten und klärt sich jeder Trugschluss auf.

Bei Filmen habe ich auch kein Problem, die entscheidenden Fallstricke vorherzusehen. Da ist alles verblüffend einsichtig, dass ich mich über das befremdliche Verhalten mancher Protagonisten nur wundern kann. Meine wohlgemeinten Ratschläge vor der Leinwand werden allerdings selten gehört (außer von den in der Nähe sitzenden Kinobesucherinnen und -besuchern) und in keinster Weise befolgt. Obwohl ich sie deutlich anbringe.

»Geh noch nicht, bleib biiitte ein paar Minuten am vereinbarten Treffpunkt! Er hat rasch und selbstlos bei einer Massenkarambolage Erste Hilfe geleistet und biegt soeben um die Straßenecke.«

Und schon haben sich die zwei versäumt, und es dauert weitere 70 Minuten, bis alle Differenzen ausgeräumt sind und sie sich in die Arme fallen dürfen.

»Glaub seiner Bürokollegin kein Wort, das ist ein fieses Luder. Die möchte ihn sich selbst krallen und tischt dir lauter Lügen auf! Merkst du das denn nicht?«

Nein, die Unterbelichtete heiratet aus Verzweiflung ihren Jugendfreund, für den sie keinerlei Zuneigung hegt und muss mitansehen, wie ihre wahre Liebe zu einem tyrannischen Firmenboss mutiert, weil er jedes Vertrauen in das Gute verloren hat. Erst nach öden Jahren an der Seite eines ungeliebten Mannes und der Firmenpleite ihres Helden finden die beiden zueinander.

Offenbar brauche auch ich eine Außensicht, jemand, der mir hilft, meine Gefühlsstränge zu entwirren und Klarheit in mein diffuses Innenleben bringt.

Kurzentschlossen wähle ich Ruths Nummer.

»Was hast du angestellt?«

Die gute, alte Ruth! Regelmäßig steuert sie ohne Umschweife direkt auf den Kern des Problems, nämlich mich, zu.

Ich schildere ihr die Misere mit den zu spät abgehörten Nachrichten, meinem Verlangen nach heiler Welt und dass ich nahe daran war, Paul zu kontaktieren.

»Das fehlt gerade noch!«, rügt sie mich. »Hast du vergessen, dass auf seinem Rücken ein unsichtbares Schild mit der Aufschrift ›Tritt mich!‹ klebt? Was du dir jetzt zusammenbastelst, klingt in deiner Fantasie erbaulich. In der Realität würdest du dich über kurz oder lang wieder beschweren, dass er im Stehen pinkelt und danach vergisst, die Klobrille runterzugeben, dass er nach jedem Schluck Bier – und du weißt, was da an einem Tag zusammenkommt – genießerisch ›uaahhh‹ macht, dass er regelmäßig deinen Geburtstag vergisst, hingegen im Schlaf weiß, wann Real Madrid erstmals Sieger der UEFA Champions League war, dass er seine Unterwäsche, Kunstinstallationen gleich, überall in der Wohnung verteilt, dass er …«

»Ist schon ok, ich hab' verstanden. Übrigens bereits bei der Klogeschichte«, gebe ich reumütig zu. »Aber manchmal sind verklärte Erinnerungen besser als gar nichts.«

»Unsinn!«, widerspricht Ruth. »Deine Gedanken verklären sich ausschließlich deshalb, weil deine Psyche aus Selbstschutz alles Negative schneller löscht. Erinnerungen sind wie Wärmeflaschen. Irgendwann kühlen sie aus und werden damit nicht nur vollkommen sinnlos, sondern sogar hinderlich.«

»Wieso hat Paul dann gesagt ›Die Erinnerung ist das einzige Paradies, aus dem wir nicht vertrieben werden können‹? Da kann sie doch weder sinnlos noch hinderlich sein?«

»WAS? Paul soll DAS gesagt haben? Ich kenne bloß ein Zitat von ihm und das lautet ›Lieber ein Bier in der Hand als vögeln auf dem Dach‹. Ach nein, gereimt hat er auch mal ... wie war das ... etwa so: ›Bier ist lecker, Bier ist toll, am liebsten bin ich täglich voll‹. Dein Nicht-vertrieben-werden-können-Paradies-Dingsbums klingt absolut nicht nach deinem Ex.«

»Jean Paul, nicht mein Paul«, muss ich zugeben.

»Sorry, für solche Spitzfindigkeiten ist jetzt echt keine Zeit, ich sollte schleunigst ins Sonnenstudio. Meine Urlaubsbräune will konserviert werden, und die schließen um 19:00 Uhr«, erklärt Ruth. »Versprich mir, Pauls Nummer zu löschen. Für immer und ewig. Heiliges Ehrenwort auf alle deine Highheels und unsere Freundschaft! Schönen Sonntagabend trotz allem.«

»HALT! Dein Karibik-Toaster wird warten müssen! Ich brauche deine Expertise für ein weiteres Anliegen.«

Mit »Expertise« habe ich genau den richtigen Knopf bei meiner besten Freundin gedrückt. Ich schildere ihr, dass ich nach dem Eintippen der neuen Nummer in mein Smartphone und vor dem unvermuteten Auftauchen von Paul in meiner Kontaktliste, eigentlich meine neue Bekanntschaft anrufen wollte. Um ihm meine Unzulänglichkeit in der Handybetreuung zu erklären und zu fragen, ob er seinen letzten Abend vor dem endgültigen Abflug mit mir verbringen möchte. Davon will Ruth schon gar nichts wissen.

»So, wie du mir deinen aktuellen Fitnesszustand geschildert hast, kommst du nie und nimmer in halbwegs ansehnliche Schuhe hinein, geschweige denn auf einen Barhocker hinauf. Alkohol solltest du in Kombi mit deinem Schmerzmittel besser nicht konsumieren. Wahrscheinlich schläfst du nach all der Aufregung des heutigen Nachmittags mitten im Liebesgeflüster ein. Willst du so Eindruck schinden? Und selbst, wenn alles perfekt läuft, was bei dir fast ein Ding der Unmöglichkeit ist, was erwartest du dir von einem Treffen mit einem, der die nächsten beiden Jahre lediglich auf Stippvisite im Lande ist? Bring dich lieber auf andere Gedanken. Nur schau dir um Himmels willen keinen romantischen Film an und gib den Darstellerinnen tolle Tipps!«

Schön, wenn man Freundinnen hat, die einen gut kennen. Noch schöner, wenn sie das für sich behalten würden.

Gehorsam (und megaunglücklich) beherzigte ich Ruths wohlgemeinten Rat und knöpfte mir das Kreuzworträtsel in der Zeitung vor. Dass ich den Namen eines deutschen Mediziners und Impfstoffentwicklers mit sieben Buchstaben frischweg und fehlerfrei einsetzen konnte, tröstete mich nur unzulänglich. Besser half mir die Tasse heißer Tee. Genau genommen der ordentliche Schuss Rum, den ich zur Abkühlung – Schmerzmittel hin oder her – hinzugeben musste.

»Nimm's sportlich!«

»Deine Gangart ähnelt der meiner Urstrumpftante. Jetzt müsstest du nur noch ein Malzbonbon aus der Jackentasche ziehen und mir mit Spucke auf dem Taschentuch die Mundwinkel abputzen.«

Natalie hatte zwar recht, was meine ungelenke Fortbewegung betraf, so präzise wollte ich das von ihr allerdings gar nicht bestätigt bekommen. Seit dem gefährlichen Ausritt auf das stadteigene Rasenstück und meiner Teekur bin ich unsicher auf den Beinen. Wegen meiner Verletzungen selbstverständlich, keinesfalls wegen des bisschen Rums oder der Unverträglichkeit des Alkohols mit den Schmerztabletten aus der Ambulanz. Die hatten genug damit zu tun, sich mit meinem Schilddrüsenpräparat zu vertragen.

Folgerichtig beschloss ich, mir ein Paar Walkingstöcke für den festen Tritt zuzulegen. Billiger als ein Hund wären sie obendrein. Und in den Urlaub könnte man sie ungefragt mitnehmen. Deshalb wanderte ich – ganz ordinär ohne irgendein Fitnessutensil in den Händen – in eine Sportfiliale, Abteilung Freizeit- und Breitensport.

Keine Ahnung, ob die Bezeichnung »Breitensport« eine Anspielung auf meine Körpermitte sein sollte. Ich habe halt eher eine Hummelhüfte, keine Wespentaille. Dieses Problem ist auf die kontroversiellen Einflüsterungen meiner Gehirnareale zurückzuführen. Sobald mein Frontallappen »ab 16:00 Uhr keine Kohlenhydrate« und »Bewegung« vorschlägt, hält mein limbisches System mit »Schokolade« und »Rotwein vor dem Fernsehgerät« dagegen.

»Nehmen Sie diese hier«, rät mir der junge Verkäufer mit Nasenring mitten im Clerasiltestgelände desinteressiert, um sich auf schnellstem Weg wieder seinem Smartphone widmen zu können. Er deutet auf ein auffällig mittig platziertes Paar.

»Warum diese?«, zeige ich mich lernwillig, wenn mir schon ein Fachverkäufer statt einer bunten Internetseite beratend zur Seite steht.

»Das sind die zurzeit angesagtesten«, erwidert er.

»Wer sagt das an«, meldet sich mein unstillbarer Wissensdurst.

»Na, unser diesjähriger Werbekatalog. Schauen Sie, da steht es!«

Er hält mir ein schreiend-buntes, 1000-seitiges Kompendium unter die Nase.

»Was ist mit denen da?«, befrage ich ihn zu einem nahezu ident aussehenden Paar, das in unmittelbarer Nähe der trendigen Stöcke steht und ein Drittel weniger kostet.

»Die sind ebenfalls sehr gut und zu empfehlen. Mit diesen meistern Sie jede Challenge«, meint der junge Mann mit der Begeisterung eines desillusionierten Faultiers im Ruhestand.

Meine akut größte Challenge ist der Verkäufer. Wie genau soll ich die Stecken verwenden, um dieser Herausforderung angemessen zu begegnen? Die Option, die mir auf An»hieb« einfällt, brächte mich wegen Körperverletzung schnurstracks in den Frauenknast oder mir eine Freiheitsstrafe mit Fußfessel ein. Damit könnte ich höchstens vom Vorzimmer ins Wohnzimmer und zurück walken. Also zähle ich langsam bis zehn, was dem »Sales Commissioner« lediglich wie ein Atemholen für meine nächste Frage erscheint.

»Worin unterscheiden sich diese empfehlenswerten von den hochpreisigen, in ihrem Katalog hochgepriesenen?«

Ohne meine schalkhafte Formulierung zu erkennen, geschweige denn zu würdigen, murmelt er leicht genervt: »Durch den Preis. Die da sind um 76 Euro billiger.«

Ich hatte von Anfang an meine Zweifel, ob es sich bei ihm um einen echten Fachmann handle. Falls ja, ließ er den Experten nicht wirklich raushängen.

»Junger Mann«, tadle ich ihn (schon immer hatte ich zu einem Verkäufer einmal »junger Mann« sagen und mir dabei reif und erhaben vorkommen wollen), »so viel erfahre ich aus den Preisschildern selbst. Übrigens sind es 76 Euro und 1 Cent, denn die Prospektstecken kosten 229,99 und diese 153,98.«

»Ist wahrscheinlich ein Versehen«, nuschelt er beiläufig und sieht sich verstohlen nach einem arbeitsfreudigeren Kollegen oder einem passenden Versteck um. »Bei uns kostet alles mit 99 Cent.«

»Das entspricht nicht den Tatsachen. Dieses Paar dort am linken Ende der Trimm-dich-Steckenparade kostet 120 Euro geradeaus.«

»Das ist auch ein Vorjahresmodell!«, meint der überambitionierte Sportartikelverkäufer abfällig.

»Und?«, erkundige ich mich. Irgendwie will ich die Grenzen der Belastbarkeit meines Gesprächspartners ausloten. »Ist die Farbe nicht mehr in Mode? Sind da schon die Schlaufen ausgeleiert? Bekomme ich keine Ersatzspitzen nach? Oder haben die Nupsis an den unteren Enden ihre Pufferwirkung verloren?«

»Die heißen Nordic Walking Pads.«

»Was Sie nicht sagen! Nicht vielleicht Wattepads?«, schieße ich einen – zugegeben müden – Gag ab.

Er kontert mit einem »Fahr zur Hölle!«-Blick und erklärt humorlos: »Nordic Walking Pads. Da gibt es welche mit dem ultimativen Powergrip, die können sie darüber hinaus beim Trekking, Hiking oder Climbing verwenden. Steht hier im Katalog.«

Das zumindest weiß er. Sichtlich ist es Einstellungsbedingung, die Jahresbroschüre auswendig zu lernen. Und neudeutsch zu parlieren.

»Unbelievable«, spotte ich. »Sind Sie sicher, dass das ein Sportartikelkatalog und kein Dictionary ist?«

Er dürfte wohl ein Coachingseminar zum Umgang mit störrischen Kundinnen absolviert haben oder – was logischer erscheint – sich von seinem Hauptkonkurrenten Amazon etwas abgeschaut haben. Stoisch ignoriert er meinen Sarkasmus und leiert antriebslos: »Personen, die sich für Walkingstöcke interessierten, kauften auch einen Schrittzähler.«

»Ich bin noch nicht so weit«, erkläre ich ihm. »Ich beginne zunächst mit einem Bewegungsmelder. Wo finde ich denn welche für Anfänger? Aber bitte garantiert die angesagten mit dem pushing Infrarotsensor, dem drahtlosen Halloween-Audio-Alarm mit Standing-Ovations-Playback sowie Naturgeräuschebox, Side-by-side-Stroboskop-Verfolgerscheinwerfer sowie Over- and-Out-Hochleistungs-Leds im Neondesign.«

Jemand mit seinen eigenen Waffen zu schlagen, macht unheimlich Spaß.

Ja, ich spreche auch hype. Und englisch. Trotzdem sehe nicht ein, weshalb ich meine Einkäufe im Inland in Fremdsprachen tätigen soll. Außerdem lese ich mir Katalogzeilen selber flüssiger und mit besserer Pronunciation vor, da brauche ich keinen Nerd mit limitiertem Erkenntnishorizont und angeödetem Blick.

Hoch erhobenen Hauptes verließ ich das Kaufhaus, »sorry« das »Shoppingcenter«, ohne jedwedes Sportgerät. Zum einen bin ich fit genug, mich ohne Gehhilfen fortbewegen zu können, zum anderen lege ich auf einfältige Sprüche Vorbeigehender wie »Mädl, hast du deine Schi zu Hause vergessen?« sowieso keinen Wert.

Deshalb tendierte ich zu einer Sportart, die ich bereits seit Kindestagen beherrsche. Eine, die zudem noch besser für das Herz-Kreislauf-System und gleichzeitig weniger sturzanfällig ist, weil man sich keine Stöcke zwischen die Beine fädeln kann. Eine, bei der ich meine im Abheilen begriffenen Schürfverletzungen an den Handflächen nicht in Schlaufen aufreibe. Eine, die früher laufen hieß, mittlerweile allerdings ebenfalls mit einem hippen, englischen Begriff upgegradet wurde.

Diesmal konsultierte ich das schlaue Buch zum »Empty Bed Syndrom« zeitgerecht, um mein neues Hobby von Beginn an richtig anzugehen, genau genommen anzu*joggen*. Und, um den Wälzer endlich etwas für sein Geld leisten zu lassen.

»Suchen Sie sich einen Trainingspartner oder eine Trainingspartnerin«, schlug der versierte Ratgeber vor. »Zu zweit macht Sport mehr Spaß, und Sie motivieren sich gegenseitig.«

An sich hätte ich solche Tipps als Binsenweisheiten abgetan, aber weil es mit einem roten Ausrufezeichen versehen und perfekt gegendert war, stellte ich mich einsichtig und bedankte mich artig.

Trotz des geschlechtsvariablen Vorschlags dachte ich grundsätzlich an einen Laufpartner. Bei Artgenossinnen hatte ich so meine Bedenken: Wäre sie schlanker und sportlicher, bekäme ich zusätzlich zu meinen Blasen an den Fersen und unausweichlichem Seitenstechen noch Minderwertigkeitskomplexe. Wäre sie gewichtiger, bliebe die Motivationsarbeit womöglich allein an mir und sie auf halbem Wege hängen. Das würde dann längerfristig auch keinen echten Spaß machen. Mit einem Training*spartner* konnte ich gewissermaßen zwei Tennisbälle mit einem Schläger schlagen: Sport betreiben *und* neue Männer kennenlernen. Boah, wenn ich nur halb so sportlich wie meine abgewandelten Redewendungen wäre!

Ich befestigte also einen Zettel mit der Suche nach einem Laufpartner auf dem Schwarzen Brett. Sicherheitshalber nicht auf jenem an der Sportuni, sondern im nächsten Feinkostladen. Ich wollte nicht gleich übertreiben. Die drei, die sich meldeten, waren dennoch durch und durch Fanatiker.

Keiner dabei, der meine Gedanken erraten konnte und erklärte: »Bei diesem Nieselwetter macht es draußen wirklich keinen Spaß. Komm, wir gehen ein Bier trinken.«

Oder sagte: »Wie großartig die Sonne heute scheint! Lass uns lieber eine freie Bank suchen … und ein Bier trinken.«

Im Gegenteil.

Selbst Sätze, die äußerst verheißungsvoll begannen wie »Es wird ja jetzt schon immer früher dunkel und heute ist es ziemlich nebelig …«, und von mir innerlich mit »da können wir früher mit dem Ausspannen beginnen« vervollständigt wurden, endeten zu meinem Bedauern mit »da kommt endlich meine neue Stirnlampe zum Einsatz!«

Das trieb dem Sportjunkie ein ähnliches Leuchten in die Augen, wie es mir ein funkelnder Merlot oder ein stolzer Cabernet Sauvignon verschafft hätte.

Meine Laufpartner waren durchwegs Allwetterläufer, musste ich zur Kenntnis nehmen. Ich kann dafür bei jeder Wetterlage Bier oder Wein trinken.

Früher war ich sogar eine echt gute Läuferin. Früher, als man noch »laufen« statt »joggen« sagte, kein spezielles Outfit sowie ein Aktivitätstracker nötig waren. Mittlerweile werde ich von Rentnern und meinen Running Gags abgehängt. So gesehen bin ich aufrichtig froh, einer dieser Menschen zu sein, die problemlos Musik mit Kopfhörern genießen können, ohne dabei rennen zu müssen.

Nachdem die Witterung für Outdoor-Sportarten (außer für Inuit, Finnen und Bewohner Sibiriens) von Tag zu Tag ungemütlicher wurde, schrieb ich mich in einen Fitnessclub ein.

Klarerweise lief auch dort nichts ohne den passenden Dresscode. Selbst meine trendige 600 Milliliter Trinkflasche mit Schraubverschluss in modernem Design mit Soft-Rubber-Push-Pull-Ventil aus meinem Mixererweiterungsset konnte mich nicht wirklich herausreißen.

Nachdem ich ein halbes Monatsgehalt für den Mitgliedsbeitrag (ein Jahr im Voraus), den Einsatz für einen Kästchenschlüssel und den Aufpreis für die Bauch-Beine-Po-Einheiten berappt hatte (das allein ist Motivation zum Durchhalten), wurde mir zum Einstieg mein Personal Coach Sven zur Seite gestellt.

Sven war genauso wenig Skandinavier wie ich eine heißblütige Jamaikanerin, da konnte er einen Akzent vortäuschen, soviel er wollte. Bestimmt hörte er auf einen Allerweltsnamen wie Walter oder Ernstl, was im feudalen Ambiente des Sportcenters natürlich kein weibliches Wesen in Ekstase versetzt hätte.

Er schien meine Aversion zu spüren und hielt sich nicht mit Freundlichkeiten auf. Mit einer Mischung aus Langeweile und Verachtung erkundigte er sich: »Alles klar? Oder brauchst du noch einen Tipp?«

»Nein«, antwortete ich schneidend und fragte mich, was an ihm *personal* oder *Coach* war, »eher eine Schritt-für-Schritt-Anleitung.«

Sven deutete eine Lippenbewegung an, die nur mit extrem guten Willen und mehr Anstrengung, als mich die Bankdrückmaschine kostete, als Lächeln durchging. Dann legte er los mit seinem Vortrag über Workout, Split und Tabata. Ich fühlte mich wie in Schulzeiten beim Vokabeltest ohne Vorbereitung und hätte glatt konkretisierende Fußnoten vertragen bei all den Fachbegriffen. Lunges, Crunches, Burpees? Nicht einmal »Push-Up« bedeutete, was ich bislang darunter verstanden hatte.

»Wovon zur Hantel sprichst du?«, fuhr ich Sven an, der zwar über einen muskelbepackten Körper, jedoch über keinerlei pädagogisches Geschick oder

Einfühlungsvermögen verfügte. »Gibt es irgendwo in diesem Schuppen ein Spruchband mit Untertiteln?«

Seine Ausführungen wie »Starte mal mit drei Sets zu zehn Reps« oder »Nach ein paar Wochen wird dein PR bei Deadlifts bei 40 Kilo liegen« oder »Du kannst gern einen Tracker für dein HIIT verwenden« parierte ich mit komprimiert-gezielten Nachfragen in Form von »Hä?«, »Was'n?« beziehungsweise »What the hell?«

Für die kundenfreundliche Einstellung »Don´t be the King, be the Kingmaker« (oder »Princessmaker«) hatte er augenscheinlich nichts übrig, denn er benutzte ein Special-Wording für die einfachsten Begriffe. Was in unseren Turnstunden simpel »Aufwärmen«, »Hampelmann«, »Kniebeugen« oder »Sch***zirkeltraining« hieß, trug nun so klingende Namen wie »Warm Up«, »Jumping Jack«, »Squats« oder »Work Out«. Ich musste mich gar nicht begriffsstutzig stellen, um von Sven spezialbetreut zu werden. Mit gebührenpflichtigem Extrabonus, versteht sich. Dieser war wahrscheinlich für den integrierten Sprachkurs zu entrichten. Zweifellos werden hierzulande zur Sportausübung einschlägige Englischkenntnisse vorausgesetzt.

Neben dem Gym-Slang überforderten auch manche technischen Geräte meine Auffassungsgabe. Am besten gelang mir noch das Ausfüllen der Anzahl meiner Wiederholungen in der ausgehändigten Trainingstabelle, obwohl meine Finger enorm zitterten.

Das Laufband warf mich hinterhältig ab, knapp bevor ich den roten Sicherheitsclip an meiner Sportjacke befestigen konnte, das Eingeben der Daten in das LCD-Display am Stepper dauerte länger als meine Trainingseinheit auf diesem Gerät. Die meisten

Kalorien verbrauchte ich zum Lösen und Fixieren der Metallstifte beim Verstellen der Gewichte an den Folterinstrumenten.

Zu allem Überfluss hing da dieses demütigende Plakat an der Wand, in dem die Gewichtsstufen vom Anfänger, salopp »Armutschkerl« genannt, bis zum Fitnessmastermind »Superman/Superwoman« aufgelistet waren. Über »Idefix« kam ich nie hinaus.

Nach der Runde an den Geräten besuchte ich das Gruppen-Bodyweight-Training von Chantal. Sie verlangte von uns Verbiegungen und Dehnungen, die einer Tabledancerin würdig gewesen wären. Chantals Outfit passte hervorragend zu diesem Gewerbe. Für das bisschen Elastikfasergewebe, das den Blick auf ihre perfekten Bauchmuskeln freigab, hatte sie bestimmt tiefer in die Geldbörse gegriffen als ich für mein vierteiliges Baumwollset. Plus Sporttasche. Und dem unverzichtbaren Handtuch, das in solchen Etablissements gern wichtigtuerisch um den Hals geschlungen wird.

Genug! Ich kann keinen Spagat und werde ihn auch nicht mehr lernen. Andererseits gab es bisher in meinem Leben keine einzige Situation, in der ich dachte: »Jetzt hilft nur noch ein Spagat.«

Abgesehen von einem Schulausflug vor Jahren, als mir der Rucksackriemen riss.

Ich halte mich weiterhin an die Devise: Finger weg von Drogen. Und Sport ist ja für manche wie eine Droge, die werden richtig süchtig danach. Mir würde eine laufende Nase, eine Wanderniere oder ein Gleitwirbel reichen. Dann könnte ich jeden Tag mit gutem Gewissen sagen: »Ich bin in Bewegung.«

»Und tschüss!«

Exakt zwei Wochen nach meinem Scheidungstermin fand ich die vermissten Autoschlüssel. Unvermutet, als ich meinen Schirm wegräumen wollte und mich beim Zusammenfalten über eine unnatürliche Beule am unteren Ende wunderte. Die müssen mir da hineingerutscht sein, vollbeladen wie ich im Anschluss an meinen Ringver- und nachfolgendem Einkauf an diesem regnerischen Mittwoch heimgekommen bin.

Wie heißt es so schön? Ein Haus verliert nichts! Ein Schirm sichtlich ebenso wenig. Das war mir neu. Alles taucht irgendwann wieder auf. Meistens erst, wenn man es nicht mehr braucht.

Ähnlich erging es mir mit meinem Exmann. Der stand Mitte Oktober wie aus dem Nichts auf meiner (früher unserer – autsch) Türmatte. Dabei hatte ich *den* gar nicht gesucht. Meine Schlüssel, ja. Mein Handy ebenfalls. Meinen zweiten roten Ballschuh, gewiss. Meine Figur, mit der ich in Etuikleider Größe 36 passe, seit längerem. Das und manches andere suche ich, doch nicht den alten Alten! Mir schmeckt schließlich auch nichts Aufgewärmtes.

Obwohl, meinen Damals-noch-nicht-Ex hatte ich vor der Trennung nicht *ver*legt, sondern *abge*legt, deleted auf neudeutsch. Dass der dann – nachdem er sich zwischenzeitlich auf einer externen Festplatte abgespeichert hatte – plötzlich als Backup vor meiner Wohnungstür steht und um Installieren eines neuerlichen gemeinsamen Ordners ansucht, war nicht zu erwarten gewesen.

Irritierend auf der einen Seite, zugleich verlockend. Vertraut. Und ein ziemlicher Triumph. Nach dem Motto: Uschi, die Mittelmäßige, wird zwar wegen einer gut gebauten Schlampe mit Rehaugen und straffer Oberweite verlassen, aber *mann* kehrt nach reiflicher Überlegung reumütig zurück. Tut mir leid, Ruth, unverzeihlich so ein Gedankengang, ich weiß.

Bis es mir dämmerte: Sein Beweggrund war weder Reue noch Schuldbewusstsein. Und schon gar nicht Liebe. Sein Motiv war, was könnte es anderes sein, Bequemlichkeit in Reinkultur. Und natürlich hatte er auch diesmal nichts dabei, was das Herz einer betrogenen Ehefrau höherschlagen ließe. Rote Rosen etwa, ein liebgewonnenes Erinnerungsstück, ein Riesenschild mit dem Schriftzug »Verzeih mir!« oder das zerschnittene Foto seiner Geliebten. Paul machte keinerlei Anstalten, vor mir auf die Knie zu sinken oder mich liebestoll herumzuwirbeln. Er stand bloß da und wartete. Hirnlos wie ein Sack Blumenerde, phantasielos wie ein Zebrastreifen, sprachlos wie ein … wie ein … Sprachloser halt (manchmal gehen sogar mir die Vergleiche aus). Stand da und hatte nichts dazugelernt seit seinem müden Heirats»antrag«. Stand da und rechnete mit meiner Großzügigkeit und meinem einfältigen Wunsch nach Harmonie und Eheglück. Der idente, phlegmatische, unoriginelle, egoistische, verzogene Paul.

Erfreulicherweise war meine sentimentale Stimmung durch das Telefonat mit Ruth (danke, du Bravouröse) vollkommen überwunden, seine »Arbeits«hose in handliche Putzfetzen zerschnitten (Kastrationsgelüste?) und die verstörende Telefonnummer aus meiner Kontaktliste gelöscht.

Nach einem kurzen Moment der Überraschung und ein klein wenig Genugtuung über meine reife Erkenntnis hatte ich mich wieder gefasst und wollte wissen: »Was genau suchst du hier? Ist bei deiner Bitch ein Wasserrohrbruch oder ihre Mutter zu Gast? Nicht, dass ich dich dann hereinließe, es würde lediglich etwas Klarheit in die Sache bringen.«

Paul starrte zuerst mich verdattert an und blickte danach auf seine ungeputzten Schuhspitzen, als könnten die ihm mit einer geeigneten Antwort weiterhelfen. Zur Souffleuse taugten die allerdings überhaupt nicht. Oder sie verfügten über ähnlich geringen Unterstützungswillen wie ihr Träger.

Geduldig wartete ich und nutzte die Gelegenheit, mir Gedanken über sein Outfit zu machen. Jahrelang hatte ich ihm seine Hemd-Sakko-Hosen-Kombinationen zusammenstellen müssen. Dafür besaß er absolut kein Händchen. Irgendein Lernerfolg war nicht zu erkennen. Heute trug er eine recht obskure Sherlock Holmes Interpretation. Nur eine Frau mit enormer Rachsucht oder ungezügelter Schadenfreude konnte ihm erlauben, sich darin bei Tageslicht ins Freie zu wagen. Meine verwunderten Gedanken drängten nach außen und formten sich nahezu automatisch zu verwunderten Sätzen.

»Dein Aufzug befremdet mich. Betteln und Hausieren ist in diesem Haus ausdrücklich verboten, das steht – zwar schon verblasst, aber in Blockbuchstaben – auf dem Schild neben der Einfahrt, die du sechzehn Jahre täglich passiert hast. Für einen Sternsinger bist du eindeutig nicht königlich genug gekleidet, außerdem passt deren Erscheinen zur Saison ebenso wenig wie deine karierte Hose zum gestreiften Sakko. Der Schaurigkeitsfaktor lässt auf Halloween schließen, bis dahin dauert es allerdings noch ungefähr zwei Wochen. Als Zeuge Jehovas gehst du ebenfalls nicht durch. Die sind stets zu zweit unterwegs, zudem äußerst gesittet und bringen (nette Geste) sogar die Morgenzeitung mit. Was also soll das?«

Der hatte vielleicht Nerven, hier einfach aufzutauchen. Mir fiel ein einziger, einleuchtender Grund für sein Erscheinen ein, den er nie und nimmer zugeben würde: Bei meiner Nachfolgerin hatte es keine dreizehn Jahre gedauert, bis sie die Kraft gefunden hatte, ihn auf die Straße zu setzen respektive von der Couch zu schubsen.

Unter Umständen ließ seine Antwort so lang auf sich warten, weil er versuchte, seiner Stimme jenes sinnliche Timbre zu geben, das Sky du Mont im Werbespot mit den unverzichtbaren Weinbrandpralinen auszeichnet.

»Spürst du nicht, dass da nach wie vor etwas knistert zwischen uns?«

»Freilich«, bestätigte ich zu seiner Verblüffung. »Das wird das Cellophanpapier von meinem Schokoriegel in meiner Jackentasche sein. Andererseits liegt mir tatsächlich eine Sache auf dem Herzen ...«

Paul sah mich irritiert und hoffnungsvoll zugleich an.

»... Am Beginn unseres getrennten Lebensabschnitts gehört noch eines erledigt: Ich möchte mich mit dir versöhnen, ... daher ENTSCHULDIGE dich gefälligst für deine Unverschämtheiten!«

Tat er nicht. Warum auch? Dafür griff er nochmals tief in die Gefühlskiste der gemeinsamen Vergangenheit.

»Bin ich dir denn vollkommen egal? Denkst du nicht auch des Öfteren an mich?«

»Gewiss«, räumte ich gönnerhaft ein. »Bei den unterschiedlichsten Anlässen in durchaus ambivalenten Gemütszuständen. Wenn ich nostalgische Serien wie ›The Addams Family‹ sehe, fällst du mir aus optischen Gründen ein, bei Berichten über vermehrte Gewaltverbrechen denke ich ›Weshalb erwischt es immer die Falschen?‹, und beim Abendessen im Hause meines Chefs und seiner untalentierten ›Haute Cuisine‹-Gattin, das ich nur mit Mühe ohne Würgen hinunterbrachte, bedauerte ich, dich nicht am Beginn unserer Beziehung mit gewollt eingeschränkten Kochkünsten in die Flucht geschlagen zu haben.«

Das Gespräch fing an, Spaß zu machen. Solcherart hatte er sich seinen Überfall auf mich sicher nicht vorgestellt.

Mir hingegen wurde bewusst, wie richtig meine Entscheidung gewesen war, einen Schlussstrich unter das Kapitel Paul zu ziehen. Mein Herz hämmerte zwar wie wild, während ich auf cool machte, krampfte sich indes nicht ganz so schmerzverschreckt zusammen, wie bei der Entdeckung seiner Untreue.

Es gab natürlich keine Re-Programmierung auf meinem Rechner. Mein Neustart war soeben erst vorsichtig angelaufen. Ganz heikel, da jetzt einzugreifen. Never change a running system. Unter uns gesagt war sein Anschlusskabel bereits vor der Trennung nicht wirklich kompatibel gewesen, mit zahlreichen Wackelkontakten und Ausfällen gesegnet und verdiente die Bezeichnung »Hardware« echt nicht.

»Nichtsdestotrotz«, sagte ich zu ihm, »wo du schon da bist, nimm wenigstens diesen geschmacklosen Pullover mit, den du mir als Andenken dagelassen hast. Ja, ich weiß, dass ich ihn dir geschenkt habe. Der sollte die Blicke auf sich ziehen und von deinem Gesicht ablenken. Deine ›Arbeits‹hose kann ich dir nicht mehr mitgeben, die wird seit kurzem erstmals seit ihrer Fertigung ihrem Namen gerecht.«

Mit dem Pulli händigte ich dem Sack gleich den Mistsack aus – Sack to go, um es salopp zu formulieren. Wenn er ohnehin an den Abfalltonnen vorbeikommt bei seinem neuerlichen Abgang, könnte er *ein* Mal etwas Nützliches tun. Garantiert hat er den Pulli dort gleich mitversenkt.

Wie aus der Versenkung ist dann auch unser näheres Kennenlernen vor meinem geistigen Auge aufgetaucht.

Wir sind uns ja ziemlich jung begegnet. Somit fällt meine erste und einzige große Liebe unter das Kapitel Jugendsünden und lässt sich unter die Stichworte »Horror«, »Science Fiction« beziehungsweise »Wahnvorstellung« einordnen.

Also jung, aber nicht gerade Sandkastenliebe, wie man so sagt. Da hätte ich ihn zumindest zeitgerecht einbuddeln können. In jenen Tagen wusste ich ja noch nicht, dass er mir später das Herz brechen und es davor durch etliche Fiesitäten perforieren würde. Deshalb habe ich ihn in den letzten Ehejahren gern »Schatz« genannt. In seinem übersteigerten Selbstbewusstsein (sein Ego und er passten kaum zu zweit in einen Mittelklassewagen) nahm er den Kosenamen wie alle meine

Liebesbezeugungen huldvoll hin. Meine Assoziationen waren natürlich gänzlich andere: Schätze vergräbt man ja gern.

Nein, siebzehn war ich und vom Sandspielen weit entfernt, da war Flaschendrehen und Flaschen leeren angesagt. Und Tanzschule. Das hätte an sich ein gutes Omen sein können, von wegen vereint glücklich durchs Leben tanzen. Leider wurde daraus dann rasch ein zum Scheitern verurteiltes Taumeln und Straucheln, weil wir zu klären verabsäumten, ob wir unser Miteinander als Polka oder Twist anlegen wollten. Und weil er, während er mit mir über das Eheparkett schwebte, seine Augen, Finger und was er sonst noch kontrollieren sollte (Hormone und so) nicht von fremden Tänzerinnen lassen konnte.

Gemeinsamkeiten sind in einer Partnerschaft immens wichtig. Aber sichtlich genügt es nicht, denselben Hochzeitstermin zu haben, nicht angeln zu gehen und bei Running Sushi die Nase zu rümpfen.

Schon bald musste ich einsehen, er gehörte zu den Typen, die sich ausruhen, bevor sie müde werden, wenn Sie verstehen, was ich meine. Gleichzeitig immerzu sehr überzeugt von sich. Nach dem Motto »Ich bin super im Bett! Ach nein, falsch … Moment … super, ich bin im Bett!«

Von meinem Traumpartner und einer langanhaltenden Verbindung hatte ich mir mehr erwartet.

Weniger schweigsame Abende vor dem Fernsehgerät, häufigere Initiativen für gesellschaftliche Kontakte und na ja, Intimitäten, die nicht nach Schema X verliefen. Wir fochten wilde Streitgespräche mit gegenseitigen Vorhaltungen und nachfolgenden Trotzphasen aus, gingen uns zunehmend auf die Nerven und aus dem Weg. Er vorwiegend zu jüngeren Flittchen, die er kurzfristig täuschen und mit seinem Werbeheini-Gehabe beeindrucken konnte. Und die ihn – den armen, missverstandenen Ehemann – ausgiebig bedauerten und trösteten, bis auch sie sein Konzept durchschauten oder er die nächste Klagemauer mit Silikonbusen gefunden hatte.

Um unsere Beziehung wollten wir beide nicht kämpfen, Paul war zu bequem, ich desillusioniert und kraftlos.

Am liebsten hätte ich ihn mit dem Vermerk »Produkt entspricht nicht den Erwartungen« an meine Schwiegermutter retourniert, damit die ihre Erziehungsfehler korrigiert.

Damals entstand in mir der Wunsch, einen Sachverständigen zum Resetten ranzulassen. Der ein Update vornimmt, die wesentlichsten Fehler beseitigt und zu meiner Freude gleich ein paar Extrafeatures installiert. Einen Paul 2.0 sozusagen. In den ich mich neu verlieben könnte und für den ich Mittelpunkt seines Lebens wäre, wie ich es mir stets gewünscht hatte. Und mit dem ich süße Kinder, wie Natalie, bekommen und großziehen würde. Nichts da! Veränderungen, die auf Wunsch der Userin programmiert werden, sind und bleiben betrüblicherweise Utopie. Darüber hat sich noch kein Schlaumeier Gedanken gemacht. Aber Sinnlosigkeiten wie eine Pizzaschere oder ein Selfie-Toaster wurden erfunden. Sowas zum Kopfschütteln!

Irgendwann fragte ich mich, wo unsere Ehe schlussendlich hinführen mochte.

In den siebenten Himmel bestimmt nicht.

In ein Desaster?

In den Strafvollzug, sollte mir einmal der Geduldsfaden reißen?

Auf eine Psychiatercouch?

Von Paartherapie wollte der Meinige jedoch absolut nichts wissen. *Er* sei ja nicht verrückt! Wenn im Falle des Falles *ich* einen Seelenklempner verstören wolle, der sich um einen veritablen Stundenlohn meine Probleme anhöre, sei ihm das recht. Mein ständiges Redenwollen über Beziehungskram habe er längst satt (Empathie in der Kommunikation war ein echter Schwachpunkt auf seiner Seite). Es hatte keinen zusätzlichen Beweis gebraucht, dass Männer im Allgemeinen, meiner im Besonderen, heillos überfordert sind, wenn es um die Aufarbeitung ehelicher Missstände geht. Lieber lassen sie sich in ein Haifischbecken werfen, in ein russisches Strafgefangenenlager einweisen, heuern als Söldner an oder werden Sprengstoffentschärfer.

Trotzdem hing ich der Illusion einer funktionierenden, lebenslangen Verbindung weiterhin nach. Es hätte vielleicht klappen können mit uns, wenn Paul sich ein wenig bemüht hätte. Leider steckt im Wort »bemüht« Mühe drin – und das war nun mal nicht das Seine.

Es blieb mir nichts anderes übrig, als mein »Muster ohne Wert« zum Abgang zu »bewegen«. Kein leichtes Unterfangen, wollte er doch weiterhin seine Annehmlichkeiten und Bequemlichkeiten bei mir genießen. Pauls Trägheitsmoment währte schlappe zwei Monate. Dann hatte er endlich seine Habseligkeiten gepackt (bis auf die »Arbeits«hose, den interessanten Pulli, einzelne vergammelte Socken und die Schachtel mit den blauen Pillen – wäre wahrscheinlich zu peinlich), zog aus unserer Mietwohnung aus und direkt bei seiner Neuen ein. Zweifellos, um dort sofort wie wild (ohne Potenzunterstützung) über sie herzufallen.

Ich schüttelte den Kopf, bis mir schwindlig wurde. Wie sollte ich das verstehen? Mir war klar, dass es Kaffee ohne Koffein, Bier ohne Alkohol, U-Bahnen ohne Fahrer und Smoothies ohne Geschmack gibt. Nun lernte ich, es gibt sichtlich auch naive 28-jährige Tussis ohne Vernunft und Stil, die einen um elf Jahre älteren Mann aufnehmen, der seine Frau betrügt, über fixe Beziehungen lästert und mit dem sie bislang nur ein paar vergnügliche Stunde abseits des Alltagstrotts verbracht hatten.

Ich will niemand ernüchtern und romantischer Vorstellungen berauben. Klar funktionieren solche Verhältnisse. Dazu müsste allerdings im Normalfall der Mann über ein gehöriges Vermögen verfügen (tat mein Ex nicht, im Gegenteil) und/oder eine gesellschaftlich herausragende Stellung einnehmen (tat er schon gar nicht).

Auf den Punkt gebracht passen in dieses Genre ein verarmter Graf oder sonst wer mit Adelstitel, ein lokaler Politiker mit Macht, Einfluss und Schwarzgeldkonto gegebenenfalls ein über die Landesgrenzen hinweg bekannter Sportler oder aufstrebender Künstler. Möglicherweise gehen ein mittelmäßig bekannter Fernsehmoderator, ein Staranwalt oder der Tussi-Tierchen sammelnde Kandidat beim Speeddating durch.

Aber Paul?

Seine umgehende, neue Zweisamkeit machte mir anfangs zu schaffen, und ich dachte allen Ernstes, ich könnte nie wieder lachen. Bis ich »zufällig« ein Foto meiner Nachfolgerin (billig, vulgär und billig – hab ich das bereits erwähnt?) auf Insta entdeckte. Und wusste, es gibt sie, die ausgleichende Gerechtigkeit.

Von diesem Standpunkt aus betrachtet müsste mir in Kürze ein wahrer Traumprinz über den Weg laufen.

Aber mit den Männern ist das eine eigenartige Sache. Ich erläutere das gern kurz und unverbindlich:

Die Feschen sind vom anderen Ufer.

Die Wohlerzogenen wohnen nach wie vor bei der Mama und die vergrault jede noch so nette Freundin.

Die Robusten sind überzeugte Singles und ziehen Extremsportarten, wie Kanu fahren den Yukon runter, Base Jumping oder Klippentauchen einer Beziehung vor. Das ist für sie ähnlich aufregend wie eine feste Partnerschaft mit allen Höhen und Tiefen. Und sie geben das Geld nicht erst bei der Scheidung aus.

Die Sexhungrigen sind Langzeitverheiratete und die gut Betuchten sind knausrig bis zum Abwinken oder in einer Altersklasse, die auch keinen Spaß mehr macht.

Somit ist die Auswahl entsprechend ergiebig wie beim Bäcker fünf Minuten vor Geschäftsschluss. Da liegt dann einsam und vertrocknet nur ein letztes, mitleiderregendes Sesamweckerl in der Vitrine, auf dem in Blindenschrift »Keiner will mich« draufsteht.

Ich gebe weder die Hoffnung noch die Suche nach einer passenden Hälfte auf, denn irgendwie braucht man zum Freiheit genießen jemand an seiner Seite. Andernfalls kommt man zwangsläufig auf die absurdesten Gedanken. Zum Beispiel, dass streng genommen nur Singlemänner »alleinstehend« sind. Bei Frauen müsste es korrekterweise »leerstehend« heißen?

»Was würden Sie mir raten?«

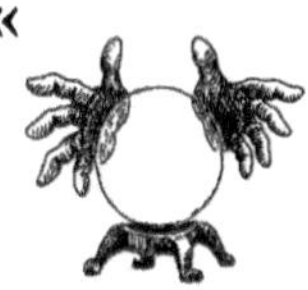

So stolz ich auf mich war, meinem Ex die Stirn und die Wohnungstür von außen geboten zu haben, so sehr machte mir zeitweise die neue Einsamkeit zu schaffen. Immerhin hatte ich keinerlei Übung, längerfristig allein zu wohnen. Das Empty-Bed-Syndrom erweiterte sich auf eine Empty-Esstisch-, Empty-Kuschelsofa- und Empty-Badewanne-Epidemie. Glücksgefühle stellten sich ausschließlich angesichts des Empty-Waschbeckens (keine lästigen Männerhaare), des Empty-Couchtischs (keine leeren Bierflaschen) und der Empty-Kleiderschrankhälfte (endlich genug Platz) ein.

Bevor meine Schlafqualität, mein Selbstwertgefühl und meine gute Laune nachhaltig angeknackst wurden, musste ich etwas unternehmen. Ich wollte nicht die frustrierte, dicke, alte Ex-Ehefrau werden, die gegen eine zehn Jahre jüngere Schlampe ausgetauscht worden war und langsam dem Alkohol verfiel. Oder sich zu Hause verkroch, am Fenster abhing, um jeden Falschparker anzuschwärzen. Also gehörten die Tatsachen schonungslos auf den Tisch, die Ursachen ergründet und die Auslöser derselben abgestellt. So klar, so richtig. Trotzdem alles andere als einfach. Dazu, befand ich, bedurfte es professioneller Unterstützung von Experten. Oder zumindest *irgendeiner* Hilfestellung.

Ganz traditionell suchte ich zunächst Trost in priesterlichem Zuspruch. Geistliche verlangen im Vergleich zu Therapeuten selten Honorare (falls doch, werden diese vornehm Spenden genannt), es bedarf keiner telefonischen Voranmeldung und die Gefahr, auf Bekannte zu treffen, ist im Gotteshaus entschieden geringer als im Warteraum einer Psychopraxis. Dafür war natürlich keine allzu tiefschürfende Expertise zu erwarten.

»Lies das Evangelium«, lautete der Ratschlag des Geistlichen, »die Frohbotschaft.«

Nun bin ich von Haus aus keine Leseratte, aber das Neue Testament zu lesen, ist strapaziös zum Quadrat. Heilige Schriftrolle! Eine Fülle von stetig wechselnden Protagonisten (Frauen sind schwer in der Unterzahl), die oft nur für einen kurzen Abschnitt auftauchen. Die meisten mit bescheuerten, unkonventionellen Namen wie Jairus, Zebedäus oder Alpheus ausgestattet, manche zum Verwechseln ähnlich klingend wie Barabbas und Barnabas oder Zacharias und Zachäus. Hinzu kommen Hauptdarsteller, die ihre Namen ändern, beispielsweise Saulus zu Paulus, oder die idente Namen tragen wie zwei Mal Jakobus und Simon innerhalb einer Peergroup von zwölf Jungs. Dass die lediglich durch ihre Beinamen halbwegs voneinander zu unterscheiden waren, zeigt nicht gerade vom Einfallsreichtum des Evangelistenquartetts, erklärt hingegen den Umfang des Schmökers. Der bringt es trotz extrem dünner Papierseiten auf drei Zentimeter Buchrücken! Die geschilderten Schicksale sind zudem nicht wirklich aufmunternd. Es wimmelt von Gelähmten, Besessenen, Verleugnern, Zauderern und Aufschneidern. Da braucht es echt einen starken Magen.

Vielleicht sollte ich Trost darin finden, dass andere noch wesentlich schlechter dran waren als ich?

*Gott*lob gingen die meisten Geschichten wie Grimms Märchen gut aus. Manches war allerdings ziemlich starker Tobak. Da kann einer übers Wasser spazieren, geht dann aber unter, weil er an sich zweifelt!? Oder Wasser wird zu Wein gewandelt, weil die Mutter eines Gasts es verlangt. Etliche Redundanzen entdeckte ich ebenfalls. Die Story vom Seesturm, um ein Beispiel herauszugreifen, wiederholte sich zweimal nach einigen Kapiteln. Weisheiten wie »wenn dich einer auf die rechte Wange schlägt, dann halt ihm auch die andere hin« oder Arbeitsbedingungen in einem Weinberg, wo Tagelöhner denselben Lohn erhalten, egal wie lange sie geschuftet hatten, fand ich äußerst weltfremd. Rundweg kontraproduktiv in meiner Situation war freilich der Satz »Bist du nicht gebunden, so suche keine Frau« aus dem ersten Korintherbrief. Meinetwegen können sich die Gebundenen von mir fernhalten, solch eine Beziehung stresst einen ungemein. Aber die Ungebundenen? Erneut blieb die Beziehungsarbeit an den Frauen hängen, die ihre Augen offenhalten sowie auf Partnersuche gehen müssen. Und die Aufforderung, alles hinter sich zu lassen, nur einen Mantel zu besitzen, erfüllte mich angesichts meines vollen Kleiderschranks, den ich nicht zu räumen gedachte, anfänglich mit Gewissensbissen, gefolgt von Widerstand. Endlich hatte ich nach meiner Trennung den gesamten Einbaukasten zur Verfügung, nun sollte ich radikal ausmisten? Keine Chance.

Sobald ich meinem Beichtvater meine diesbezüglichen Bedenken mitteilte, musste er schmunzeln. Das konnte ich trotz seines Vollbarts genau erkennen.

Er empfahl mir ein Zitat aus dem Alten Testament, das im neuen Teil gleich mehrmals sowohl von Lukas, Markus als auch Matthäus aufgegriffen wird.

Dank des peniblen, nahezu zwanghaften Inhaltsverzeichnisses (Bücher, in denen jeder Satz durchnummeriert ist, hatte ich bis dahin noch nicht zu Gesicht bekommen) fand ich den Ratschlag relativ rasch: »Du sollst deinen Nächsten lieben wie dich selbst«. Ja, die Selbstliebe (mit meinem handlichen Pinguin hat die nur am Rande etwas zu tun)! Auf die hatte ich in meiner Enttäuschung und Wut auf meinen Ex tatsächlich vergessen oder sie in Ersatzhandlungen wie einer Extraportion Schlagsahne, einem weiteren Glas Rotwein oder einer Shoppingtour unzureichend, geradezu kontraproduktiv umgesetzt.

So weit, so unergiebig. Wenigstens habe ich es auf diesem Weg versucht. Was kann man von Tipps, die bereits vor ungefähr zweitausend Jahren verfasst wurden und einer kostenlosen Beratung durch einen Laien (auf psychotherapeutischem Gebiet, meine ich) auch mehr verlangen?

»Hallo Glückskind!«, empfing mich Pippa in der Ordination.

»Wieso Glückskind?«, erkundigte ich mich, während ich in meinen weißen Kittel schlüpfte. »Hast du, bevor du dich in dein buntes Schundblatt vertieftest, gar die gestrige Lieferung von hundert Schuheinlagen sortiert und verstaut? Oder hältst du mir heute Bandagen-Bernie vom Leib?«

Pippa ließ sich von Kleinigkeiten wie übler Laune oder dezent maskierten Arbeitsaufträgen nicht beirren, sondern wedelte mit der Illustrierten vor meiner Nase hin und her.

»Weit besser, richtiggehend grenzgenial«, versprach sie. »Dein heutiges Horoskop ist fantastisch! Die Sterne stehen ausgezeichnet für dich!«

»Also, ich weiß nicht«, befand ich skeptisch. »Wer glaubt denn an sowas?«

Fälle, wie jener der arbeitslosen Portugiesin, die bei ihrem ersten Pokerturnier alles abräumte oder der Finnin, die mit einem Einsatz von knapp sechs Euro den Jackpot von 2,1 Millionen knackte, passieren immer nur den anderen. Portugiesinnen halt oder Finninnen. Ich bin eher diejenige, die den »berühmt-berüchtigten« Olivenkern im Glas mit den entsteinten (!) Früchten erwischt, sich dabei ein Stück vom Zahn abbricht und damit dem Dentisten zu unverschämtem Reichtum verhilft.

Pippa ließ nicht locker. Bei ihrer Überzeugungsarbeit zeigte meine Kollegin einen bislang ungewohnten Eifer. Sie schlug eine der letzten Seiten der Zeitschrift auf und verkündete mit der Euphorie einer Wissenschaftlerin, der soeben der entscheidende Durchbruch ihrer These gelungen war: »Heute könnte es für alle Jungfrauen nicht besser laufen. Ein attraktiver Mann kreuzt ihren Weg. Auch in finanziellen Angelegenheiten herrscht eine hervorragende Konstellation vor.«

Im Ernst jetzt? Ich hatte gehörige Bedenken. Und rückblickend recht. Der einzige, halbwegs fesche Mann, der mir in den nächsten Stunden begegnete, war Herr Kuntmann. Oder, wie wir ihn in der Praxis salopp nennen, »der geile Trümmerbruch rechts 2018«, der zur Kontrolle seines Beins kam. Erst im Vorjahr hatte Kuntmann seinen Chirurgen geheiratet, nachdem ihn dieser nach seinem Motorradunfall ganz passabel zusammengenagelt hatte (die feine sprachliche Spitze musste jetzt sein). Und die drei Lose, die ich mir auf dem Heimweg in der Trafik kaufte, waren allesamt Nieten. Statt einem Glückslos wurde ich mein Geld los.

Die überzogenen Verheißungen der Astrologie konnten mich mal. Denn, entweder logen die Sterne, dass sich die Himmelssäulen bogen oder sie verstanden unter »attraktiv« und »hervorragend« gänzlich Widersprüchliches. Dann sind aber Horoskope generell unbrauchbar.

Der vielzitierten Theorie der ausgleichenden Gerechtigkeit des Universums kann ich nichts abgewinnen. Ja, es mag stimmen, nichts geht verloren, man bekommt stets etwas zurück. Allein, der Tauschhandel verläuft nie zu meinen Gunsten. Was soll ich sagen? Die wenigsten gehören zur Gattung »talentierter Glückspilz« wie Kyle MacDonald, der in 14 Aktionen von einer roten Büroklammer ausgehend an ein eigenes Haus gelangte. Mehrheitlich bewegen wir uns doch wie »Hans im Glück« in der Gegenrichtung – vom Klumpen Gold zum Nichts. Ich bin da keine Ausnahme. Ein paar Beispiele gefällig?

Für frisch gewaschene, auf Löchlein untersuchte, vorbildlich mit dem passenden Pendant zusammengelegte und in Pauls Lade verstaute Sockenpaare erhielt ich als Dankeschön übelriechende, feuchte Knäuel, die – Dekoelementen gleich – auf dem Badewannenrand, der Schlafzimmerkommode oder dem Kaminsims drapiert waren beziehungsweise in der hintersten

Kastenecke ihrer vollständigen Verwesung entgegenharrten. Zur Belohnung für die von mir liebevoll angerichtete Mehlspeise zum Nachmittagskaffee fand ich beim Heimkommen den leergefutterten Teller *auf* dem Geschirrspüler vor. Und im Austausch für meine liebevoll gestalteten, zärtlichen Geburts- und Hochzeitstagswünsche an ihn fand ich schwülstige Liebesbeteuerungen an seine Geliebte, die er entweder aus Schlamperei, Vergesslichkeit, Dummheit oder gar Bosheit in einem Zeitungsstapel zwischengelagert hatte. Man kann mir das Universum nicht schönreden! Ich finde, es agiert ungerecht, frauenfeindlich und äußerst hinterhältig. Zumindest in meinem Fall.

Meine Nachbarin Frau Brusenbünk, die an nichts und niemand ein gutes Haar lässt (dazu zitierte der große Meister aus dem Reich der Sprücheklopfer wieder mal Konfuzius: »Indem man über andere schlecht spricht, macht man sich selber nicht besser«), weder an der Wetterlage, dem Hausmeister, der heutigen Jugend noch den heutigen Erziehungsberechtigten, begegnete mir im Stiegenhaus zwar um 160 Euro erleichtert, trotzdem auffällig entspannt, positiv gestimmt und voll bester Vorsätze.

Auf meine Nachfrage berichtete sie von wöchentlichen, spirituellen Sitzungen, mit denen sie beste Erfahrungen gemacht habe. Ich wollte diesen aufbauenden Kick unbedingt und ebenfalls. Erst im Nachhinein erfuhr ich, dass die liebe Frau Brusenbünk im Anschluss an die Beratungen regelmäßig spezielle Cookies im Hinterzimmer des Cafés im Erdgeschoß genossen hatte. Derart zugedröhnt mutiert selbst der ärgste Hausdrachen zu einem heiteren, ausgeglichenen, sanften Kätzchen.

Ohne dieses Zusatzwissen meldete ich mich bei Esmeralda für einen Kennenlerntermin an.

»Wie heißen Sie, mein hübsches Kind?«, eröffnete die in bunte Tücher gehüllte, dralle Frau einfühlsam unser Gespräch.

»Was sagt denn das Überirdische dazu?«, parierte ich gespannt mit einer Gegenfrage, um gleich zu Beginn die Sinnhaftigkeit des Unterfangens auszuloten.

Das war natürlich kein gelungener Einstieg in eine vertrauensvolle, von beidseitiger Wertschätzung geprägte Begegnung. Esmeraldas Augen verengten sich zu schmalen Schlitzen, ihre Mundwinkel zogen sich gekränkt nach unten und die silberne Kette mit den zahlreichen Tierkreiszeichen- und asiatischen Gottheiten-Anhängern auf ihrem mächtigen Busen klirrte bedenklich. Wenn der kleine Widder und der Skorpion ihr Sternzeichen plus Aszendent verrieten, verhieß das, wollte man den astrologischen Zuschreibungen Glauben schenken, nichts Gutes. Aufbrausend, unberechenbar, aggressiv sowie rachsüchtig, nachtragend und rechthaberisch – ein gefährlicher Cocktail negativer Eigenschaften.

»Haben Sie mir einen Gegenstand mitgebracht?«, drängte Esmeralda mit bereits weit geringerer Anteilnahme in ihrer Stimme.

Hatte ich.

Mit der gebotenen Vorsicht (man darf es gern auch Misstrauen nennen, das juckt mich nicht) und soliden Vorbereitung, zu der mir meine gesunde Skepsis in solchen Fällen rät.

Ich händigte ihr die Brille meiner vor einigen Jahren verstorbenen Großmutter aus. Zu Testzwecken. Bei positiver Bestätigung meiner Kenntnis über den Lebensweg meiner Gretl-Oma konnte ich mich in einem nächsten Schritt immer noch mit einem tatsächlich eigenen Besitzstück den Prophezeiungen stellen.

Esmeralda nahm die altmodische Sehhilfe, wog sie bedächtig in ihren Händen, schloss die Augen und murmelte unverständliche Silben in einem gutturalen Sing-Sang. Ich klopfte ungeduldig mit dem rechten Vorfuß auf den Boden, was mir eine unwirsche Kopfbewegung eintrug. Weit entrückt konnte die Gute nicht sein, wenn sie sich davon aus ihrer Trance bringen ließ. Die Minuten zogen sich dahin. Mein Magen begann dezent, bald ungezügelter zu knurren. Leise zog ich mein Handy heraus, um die Uhrzeit zu erkunden. Beim Zurückstecken rutschte meine Handtasche von der Sessellehne und landete mit einem satten Plumps auf dem Boden. Die spirituelle Tante stöhnte entnervt auf. Sichtlich hatte ich ihr esoterisches Reisefahrzeug verbeult, denn Esmeralda kehrte unversehens in die Realität zurück. Sie öffnete die Augen, damit der böse Blick auch garantiert bei mir ankam, und prognostizierte mir alsbald einen kurzen Weg durchs Dunkel mit strahlenden Aussichten und ewigem Glück. Aha, ok! Ganz schön wenig Output für die öde Warterei, befand ich.

Vielleicht hatte Esmeralda mit Hilfe der Brille soeben den Weg meiner Oma durchs Fegefeuer ins himmlische Reich beschrieben? Wer weiß? *Mir* halfen die spirituellen Weisheiten keinesfalls. Wenn diese Sitzung meine Selbsterkenntnis förderte und den versprochenen Durchblick bei diffusen Fragestellungen des

Lebens brachte, dann insofern, dass solche Beratungen rausgeschmissenes Geld sind. Das bringt mich nicht weiter. Ich brauche eine gefestigte Persönlichkeit als Wegweiser, die nicht bei der kleinsten Ablenkung die Nerven wegschmeißt.

Meine Abschiedsworte konnten meinen Argwohn lediglich unvollkommen kaschieren: »Ich werde keine neuerliche Sitzung in Anspruch nehmen. Aber das wussten Sie bereits, nicht wahr?«

Dazu waren beileibe keine okkulten Kräfte nötig. Bloß ein bisschen Menschenkenntnis und gesunde Selbsteinschätzung.

Die Evaluation meiner sogenannten Expertenunterstützung fiel traurig aus: massenhaft Zeitaufwand und einiges an Geld vergeudet für dürftige Ergebnisse.

Verflixt, es wird doch jemand geben, der einen zuverlässig aus einer Sinnkrise hilft?

Also kurz nachgedacht: Auf wen konnte ich mich bisher stets verlassen? Wer hat Verständnis für meine kleinen Macken, findet sie sogar liebenswert, besitzt ein stabiles Nervenkostüm und zieht mich aus jeder peinlichen Situation mit neuem Elan heraus? Da fällt mir eigentlich nur eine ein. Nämlich Uschi Grünbach in Person. Ich selbst musste mein Beziehungsschlamassel in die Hand nehmen, wenn sich etwas zum Besseren wenden sollte. Das war mir nun klar.

Getreu dem Motto »Hilf dir selbst, dann hilft dir Gott« gründete ich vor Esmeraldas Wohnungstür meine eigene Selbsthilfegruppe. Die Kursgebühr zahlte ich von der rechten in die linke Manteltasche.

Davon lud ich mich im Erdgeschoß auf einen doppelten Espresso ein.

»Sie kommen auf Empfehlung von Frau Brusenbünk?« erkundigte sich der Kellner, nachdem ich die aufgetragenen Grüße meiner Nachbarin bestellt hatte.

Er beugte sich vertraulich zu mir herunter und wisperte verschwörerisch: »Dann kann ich Ihnen die ›Brownies‹ besonders empfehlen. Dazu müsste ich Sie allerdings nach nebenan bitten.«

Das kahle Hinterzimmer rechtfertigte den geschmalzenen Preis von 23 Euro für das mickrige Kuchenstück genauso wenig wie ich mir seine eigentümliche Hervorhebung des Worts »Brownies« erklären konnte. Nachdem ich jedoch kurz zuvor 90 Euro Honorar für meine erste Therapieeinheit an mir verdient hatte, konnte ich mich großzügig geben.

Im Nachhinein gesehen eine hervorragende Investition! Nach dem zweiten Bissen verzogen sich die düsteren Wolken, das Leben wurde luftig und bunt, und ich konnte seit längerem wieder einmal befreit und anhaltend lachen. Beflügelt schwebte ich nach Hause.

Ein Riesendank ans Universum! Was ein bisschen Koffein, Zucker und orientalische Gewürze nicht alles bewirken können!

Den wahren Trost entdeckte ich zwei Tage später in einem chinesischen Glückskeks, den mir Jungkook vermutlich ganz absichtlich zu meinen Einkäufen gesteckt hatte: »Irgendwo sitzt immer eine Frau, die einen darauf trinkt, dass sie den Mann los ist, den du um jeden Preis haben willst.« Dem ist nichts hinzuzufügen.

»Hallo Jonas!«

Muss es tatsächlich eine neue Bekanntschaft sein? Ich könnte mir doch den einen oder anderen aus der Versenkung holen, wenn ich schon Verlangen nach Männergesellschaft verspüre, überlegte ich. Nicht, dass das eine Endlosschlange an Kandidaten wäre, die sich vor Paul eingereiht hatte. Außerordentlich reich ist mein Vorleben in dieser Hinsicht nicht. Und zu manchem früheren Aspiranten habe ich den Kontakt verloren. Leider. Wie zum Beispiel zu Tommy, der mich im Kindergarten unbedingt heiraten wollte. Jetzt wäre ich nämlich so weit!

Nach einer wilden Suchaktion hatte ich mein Forty wiedergefunden.

»Wann hast du die Oberfläche zuletzt geputzt? Die sieht ja grauenvoll aus!«, höre ich die mahnende Stimme meiner Mutter im Hinterkopf. Vielleicht ist es auch mein schlechtes Gewissen? Die beiden haben in solchen Momenten einen ausgesprochen ähnlichen Tonfall. »In Kürze wird sich der Touchscreen – barsch wie sein Vorbild, der Kaffeeautomat – melden und ›Fingertapper entfernen, desinfizieren und mit Handschuhen anfassen‹ von dir fordern.«

Danke Mum, da bin ich besser vorsichtig. Letzthin, wollte ich einen Fleck wegwischen und ersteigerte durch mein Ribbeln ungewollt einen Rasenroboter, löschte den Kontrolltermin bei meinem Gynäkologen, versandte drei WhatsApp-Nachrichten, die ich eigentlich nochmals überdenken wollte, und war unversehens für eine Einkaufsfahrt des Pensionistenverbands angemeldet.

Egal! An sich wollte ich jemand aus der Vergangenheit kontaktieren. Wie hieß der schnell? Dieser Hübsche, gut Gebaute, extrem Attraktive? Ach ja, Orlando Bloom, aber den meine ich nicht. Nein, meinen Mathe-Nachhilfe-Studenten. Jonas lautete der Vorname, den ich suchte, fiel mir nach einigem Kopfzerbrechen ein. Wie war gleich sein Nachname? Mit T oder Y am Anfang. Nach kurzem Scrollen fand ich ihn: Buchsbaum – das musste er sein. Wenn ich mich recht erinnere, lispelte er ein wenig (»Sssummanden, Divisssor, Hypotenussse, Sssegment«). Kein Grund zur Beunruhigung, was braucht ein Mann schon großartig zu reden?

Meine deprimierende Lage brachte – so unglaublich das klingt – Positives mit sich: Wer verzweifelt ist, benötigt nicht viel Mut. Deshalb wählte ich kurzentschlossen die bei Buchsbaum Jonas eingespeicherte Rufnummer. Ob die noch aktuell war? Die Tarif*an*bieter *unter*bieten sich ja ständig mit besseren und günstigeren Konditionen, weshalb manche Kunden ihre Verträge häufiger wechseln als die Unterwäsche.

»Hallo, Jonas!«, eröffnete ich den überfallsartigen Anruf. »Dachte mir, ich melde mich mal wieder. Nein, keine Umfrage. Ich bin's, die Uschi. Uuuschi! Meinetwegen Usssi ... auf dem Feuerwehrfest vor drei Jahren haben wir uns überraschend wiedergetroffen ... von mir aus vor sieben. Schön, dass du nach wie vor dieselbe Telefonnummer hast! ... Was heißt, dafür bist du sonst ein komplett anderer? Schönheits-OP ist bei dir doch überflüssig. Oder stehst du jetzt auf Männer? ...

Ach so, Veganer! Nein, ich habe nichts gegen Veganer, ... zumindest nichts Wirksames. Haha. Solange du kein Antialkoholiker oder zölibatär geworden bist!?«

Insgeheim dachte ich mir: »Der wird hoffentlich nicht allen fleischlichen Genüssen entsagen? Na, immerhin Blümchensex wird für ihn wohl drin sein?«

Ins Smartphone schmachtete ich: »Natürlich lade ich dich gern zum Essen ein und koche vegan. Es muss ja nicht schmecken. Haha! Das einzige Fleisch, das auf den Tisch kommt, wird Fruchtfleisch sein. Freu' mich! Bis übermorgen!«

Jonas hatte nicht bloß seine Vorliebe für Hausmannskost, sondern dem Anschein nach in einem Aufwaschen auch seinen Sinn für Humor verloren, konstatierte ich ernüchtert. Er lachte über keine meiner witzigen Bemerkungen. Seltsam, dass fleischlos in genügend Fällen mit humorlos Hand in Hand geht.

Wird die Welt nur für mich von Minute zu Minute absurder? Erneut ertappte ich mich beim Kopfschütteln. Früher konnte man Männer mit Steaks begeistern, die in der Pfanne noch muhten, weil sie dermaßen kurz angebraten waren. Heutzutage essen Frutarier ausschließlich, was die Pflanze hergibt, ohne abzusterben. Also welke Blätter, überreife Früchte, Samen aus Mohnkapseln und ähnliches. Äpfel plumpsen zu guter Letzt irgendwann vom Baum, obwohl ich dann auch nicht mehr in jeden von ihnen mit Genuss hineinbeißen würde. Aber haben Sie schon einmal eine Karotte aus dem Boden schießen sehen mit einem Schild »Nimm mich, bevor ich endgültig zu Erde werde«?

Jonas jedenfalls gehörte zur »Vegetarisch ist nicht genug«-Kategorie. »Wegen der Gesssundheit« wäre es, meinte er. Wahrscheinlich wegen jener der Tiere – getötet zu werden, ist nicht sehr gesund, das sehe ich ein. Was ich allerdings nicht verstehe, sind diese nachgebauten Schnitzel, Würste und Burger aus Hülsenfrüchten. Käme jemand halbwegs Intelligenter auf die Idee, eine Kohlrübe aus Kalbfleisch zu basteln?

»Fleischesser sssind Mörder! Daran will ich mich nicht beteiligen«, trumpfte mein Besuch auf, der für diplomatisches Vorgehen hundertprozentig keinen irgendgearteten Preis erhalten wird.

»Und Vegetarier sind grausam und feig«, lag mir eine angemessene Retourkutsche auf der Zunge.

Ein Schwein oder Kalb oder Lamm oder Huhn kann wenigstens wegrennen, ein Chinakohl oder gar ein Wurzelgemüse hat hingegen echt keine Chance. So schwer es mir fiel, schluckte ich die spitze Antwort hinunter. Was tut man nicht alles, um eine Freundschaft aufzufrischen? Außerdem mag ich Männer, die mir reinen Wein einschenken. Oder Bier! Bier geht auch. Sekt ebenso. Aber nicht von Jonas, wie sich herausstellen sollte – so viel sei verraten.

Um mein Versprechen einzulösen, musste ich zunächst einkaufen gehen, denn das einzig Vegane in meinem Kühlschrank war etwas Schimmel in der linken Gemüselade rund um eine vergessene Erbsenschote. Ich lief sofort in die Buchhandlung drei Straßen stadtauswärts und erwarb als erste Zutat ein veganes Kochbuch. Also, exakt formuliert, ein Kochbuch mit veganen Rezepten. Ob das Buch an sich vegan war, ließ sich nicht feststellen.

Derart ausgerüstet stellte ich ein Menü bestehend aus Apfel-Sellerie-Suppe, Zucchini mit Dinkel-Shiitakepilz-Fülle und Kokosmilchreis mit frischen Früchten für den süßen Abschluss zusammen. Beim Zubereiten hatte ich ein gemütliches Abendessen mit »Dessert nach dem Dessert« vor Augen.

Fazit: Manche Tagträume platzen leichter als überreife Weintrauben, bevor sie vom Stock purzeln.

Das Unglück begann bereits mit besagtem Aperitif. Selbstverständlich servierte ich veganen Sekt, ausschließlich durch Verwendung pflanzlicher Proteine geklärt.

»Was genau ist dein Problem?«, insistierte ich, weil er sich nach dem Anstoßen zierte, das Glas an den Mund zu setzen.

Lispelt er: »Dasss Etikett könnte mit einem nichtveganen Kleber befessstigt sssein.«

Als ich noch relativ entspannt meinte, er müsse das Etikett nicht ablecken, nur den Schaumwein trinken, sah er mich mit einem Blick an – brrr. Keinste Spur von friedlich und umgänglich! Vielleicht schont Jonas Tiere und ihre Produkte, meine Gefühle sicher nicht.

Es gab demzufolge keinen Schluck zum Aufwärmen unserer Freundschaft.

Um die Situation zu entspannen, bat ich ihn zum Couchtisch mit der (zugegebenermaßen etwas süffisanten) Einladung: »Wollen wir zur Abwechslung eine kurze Lauchpause einlegen?«

Fragt er (hundert Prozent humorbefreit wie seit neuerdings): »Issst die Sssitzssbank da ausss Leder?«

Ich voll Stolz: »Ja, natürlich ist sie natürlich. Nichts künstlich, Plastik, Kunststoff oder so. Allein wegen der umweltverträglichen Entsorgung.«

Angeekelt verzog er sein Gesicht. Ich – schon deutlich angepisst – erklärte ihm grantig: »Du musst sie ja nicht zureiten, nimm einfach Platz.«

Tat er aber nicht, »ausss Prinzssip«, wie er deklarierte.

Ab da war mir klar, das wird mühsam. Am Ende vernascht der meine liebevoll platzierte Blumendeko? Und was weiß ich, was der sonst noch auszusetzen hat? Ich überziehe doch nicht die Betten neu, weil auf meinen Polsterbezügen Schäfchen drauf sind.

Mit der spöttischen Frage »Hast du eigentlich auf deinem Auto einen Aufkleber ›Ich bremse auch für auf die Straße kullernde Tomaten‹?« komplimentierte ich ihn schlussendlich eher bestimmt als höflich noch vor den Abendnachrichten hinaus.

Schade um die viele Arbeit. Nun hatte ich den Salat! Was war von einem Veganer schon anderes zu erwarten gewesen? Mit einem solchen wollte ich nie mehr etwas anfangen, schwor ich mir.

Den Schwur besiegelte ich mit einer Flasche Wein. Für mich allein! Und was die für einen Kleber unter dem Etikett hatte, das war mir … das war mir … wie heißt das schnell auf vegan? … Das war mir sowas von Bärlauch!

»Prost Mahlzeit!«

Endlich hatte ich es geschafft, ein gemeinsames Abendessen mit Max und Moritz zu organisieren. Nach dem Desaster mit Jonas musste ich dringend auf andere Gedanken und zu einer gediegenen Mahlzeit kommen. Und meine »Paarallergie« loswerden. Paare ertrage ich im Moment nämlich ausschließlich in Form von neuen Schuhen. Es braucht somit nicht extra betont zu werden, ich war irgendwie an einem Tiefpunkt angelangt. Also an einem tiefen Tiefpunkt in einer tiefen, tiefen Schlucht genau gesagt. Ein weiterer, einsamer Abend wäre in etwa so verlockend wie Waterboarding, im Dschungelcamp ausgesetzt zu sein oder neuerlich von Frau Brusenbünk zu einer Partie »Mensch ärgere dich nicht« mit zu warmem Wein und zähen Brötchen eingeladen zu werden.

Wir trafen uns in einem schicken Restaurant, wo man bequem sitzen, hervorragend essen und ungestört plaudern kann.

Meine beiden Brüder sehen – jeder auf seine Weise – sehr gut aus. Max, eigentlich Helmut, der Ältere ist sportlich, bestens trainiert und flößt einem mit seinen breiten Schultern, den muskelbepackten Oberarmen und seinem Fünf-Millimeter-Haarschnitt ordentlich Respekt ein. Das ist beileibe nicht der Grund, weswegen er mit fast 40 noch Single ist. Er liebt die Ungebundenheit, lebt für Surfen, Segeln und Paddeln im Sommer, für Snowboarden, Langlaufen und Schiwandern im Winter sowie Fitnesstraining, Eishockey und Schlagzeugspielen das ganze Jahr über. Ich schätze seine Unkompliziertheit und bewundere ihn für seine Selbstdisziplin. Moritz, der – no na – Jüngere, eigentlich Reinhard, ist ein blonder Softie mit schulterlanger, lockiger Mähne, Dreitagesbart und einem einnehmenden Lächeln, dem alle Herzen zufliegen. Tatsächlich ist er ein solider Familienmensch, der seine Frau und meine beiden Neffen auf Händen trägt. Mit ihm verstehe ich mich von klein auf blind, was uns beiden aus manch brenzliger Lage geholfen hat, in die unser großer Bruder nie geraten wäre.

Unser unterschiedliches Aussehen brachte meiner Mutter mehrfach dumme Bemerkungen wie »Hat bei euch alle paar Jahre der Briefträger gewechselt?«, »Hast du bewusst die Kinder von drei verschiedenen Samenspendern ausgetragen?« oder »Habt ihr den Storch wegen seiner Zustellungsfehler verklagt?« ein.

Wir haben soeben den Hauptgang beendet, als ich – wie vom Blitz getroffen – mitten in der Schilderung der Entledigung meines Eherings innehalte und den eintretenden Mann aus den Augenwinkeln »unauffällig« zu betrachten versuche. Unvermutet muss ich in North Dakota gelandet sein, denn das ist er. Heilige Chilischote, das ist er. Wieder einmal. Wenigstens sitze ich gegenwärtig nicht auf einer Wiese neben einem »Betreten verboten«-Schild umringt von unsortiertem Abfall. Und er ist natürlich nicht in diesem amerikanischen Bundesstaat an der kanadischen Grenze, wie neulich behauptet. Warum auch?

Mein unauffällig-auffälliger Blick zur Seite, ohne den Kopf zu drehen, verleiht mir gewiss ein interessantes

Aussehen. Irgendetwas zwischen Schiele und den Bildern von Picasso mit den höhen- und perspektivenversetzten Augen. Ansonsten hoffe ich, dass der Rest meines Gesichtsausdrucks halbwegs neutral wirkt. Denn mein Körper macht Dinge! Aber hallo! Mund – dürst, Knie – zitter, Magen – krampf und die Region einen Stock tiefer – kribbel und ziiiieh.

Max klopft einen raschen Trommelwirbel mit seinen beiden gestreckten Zeigefingern auf die Tischplatte, was die Aufmerksamkeit des neuen Gastes vollends auf uns lenkt. Wow, danke großer Bruder. Von wegen Familienbande, Loyalität unter Geschwistern und sowas. Mein Herz schlägt bis in den Hals, und ich fühle, wie mein Kopf zentimeterweise rot anläuft, stetig ansteigend wie das Fieberthermometer eines Malariapatienten. Demonstrativ versuche ich, eine entspannte Haltung einzunehmen und mein verkrampftes Gesicht zu lockern, greife – wenig überzeugend – zur Speisekarte, nur, um damit prompt mein Bierglas mit dem letzten Schluck darin umzuwerfen. *Auf* die Serviette, die nun ihrer eigentlichen Funktion nicht mehr gerecht werden kann. Ich muss meine bierfeuchten Finger klammheimlich im feinen Tischtuch abtrocknen. Dieses Täuschungsmanöver ist derart plump, dass meine Brüder synchron den Kopf schütteln und ihn dann abwenden, als wollten sie signalisieren: »Wir gehören nicht dazu«.

Der Mann schaut mich an und dennoch durch mich hindurch, bis ich merke: Er ist es nicht. Er ist ein ähnlicher Typ, mit ungefähr gleicher Körpergröße, ähnlichem Haarschnitt und Outfit. Doch er ist es definitiv nicht. Mein erlöstes Lachen bleibt mir im Hals stecken und klingt wie das heisere Kieksen der Neuen beim Vorsprechen für die Hauptrolle in der Schülertheatergruppe. Keine Ahnung, ob ich enttäuscht oder erleichtert sein soll. Ich versuche, die Situation zu überspielen, obwohl mich Max und Moritz ansehen, als hätten sie Witwe Bolte bei einem Streich ertappt.

Wir ordern die Nachspeise und sind im Nu erneut in unseren munteren Austausch vertieft. Helmut mustert mich freilich hin und wieder verstohlen. Vermutlich quält ihn die Frage, ob seine Schwester die Scheidung wirklich folgenfrei überstanden hat. Reinhard schneidet mehrmals seine berühmten, feixenden Grimassen, mit denen er peinliche Aktionen meinerseits zu kommentieren weiß. Hierauf erzählt er vom aufregenden Schulanfang seines Größeren, und ich komme mir plötzlich alt, nein uralt vor.

Unlängst habe ich sogar zwei (!) verhasste, weiße Haare auf einen Schlag an meiner linken Schläfe vorgefunden. Noch sind meine Augen scharf genug, um sie zu entdecken und ihre Anzahl gering genug, um sie ausreißen zu können, ohne mit greisenhaft schütterem Haar in Verbindung gebracht zu werden. Trotzdem tickt die biologische Uhr. Ich kann sie deutlich hören. Und meine Eierstöcke werden auch nicht jünger. Über kurz oder lang benötigen sie Gleitsichtbrillen, Vitamin D Präparate zur Osteoporosevorbeugung und einen Rollator.

Dabei wünschen sich meine Eltern sehnlichst weitere Enkelkinder, vor allem eine Enkeltochter. Dazu brauche ich allerdings einen neuen Mann, der Gefallen an mir findet. Und den ich entdecken und lieben lernen muss. Ein strapaziöser Weg durch den Dschungel der unverheiratet Gebliebenen, frisch Geschiedenen und Heiratsschwindler liegt vor mir.

Der Kellner serviert die drei bestellten Bier (die erste Runde ist getrunken beziehungsweise mein Rest verschüttet) und sammelt die Dessertteller ein. Meine frisch gebrachte Serviette segelt zu Boden. Kaum bin ich mit hochrotem Kopf aufgetaucht, sehe ich den nächsten Solomann das Lokal betreten. Mein Blick streift ihn flüchtig, gleitet weiter, gleitet überrascht zurück. Verdammt. Das … ist … er … nun … wirklich. Seine Augen verraten, dass er mich ebenfalls erkannt hat. Mein Gott, das haut mich beinahe um. Wie gut, dass ich sitze. Mit eigenartiger Gesichtsfarbe und Herzrhythmusstörungen zwar (wegen der Gymnastikübung mit der Angelakrobatik nach der davongeflatterten Serviette), aber immerhin.

Und dann läuft ein Film ab, der wirkt, als hätten mein jüngerer Bruder und ich gemeinsam das Drehbuch geschrieben. Klappe: Reinhard fängt meinen verschwörerischen Blick auf, den er aus Teenagertagen bestens kennt. Damals bedeutete er: »Sag Mama nicht, dass wir die Matheschularbeit schon zurückgekriegt haben. Ich will samstags auf die Party gehen!« oder »Verrate nicht, dass ich erst um zwei Uhr früh und ohne BH heimgekommen bin!« oder »Täusche Ahnungslosigkeit vor, sobald Mama dich fragt, was die Verpackung eines Schwangerschaftstests in unserem Badezimmertreteimer zu suchen hat!«. Die Schwierigkeitsstufen steigerten sich im Laufe der Jahre. Mein Bruderherz meistert auch die neuerliche Herausforderung. Diesmal signalisiert mein sorgenvoller Blick: »Steig schnell in ein kurzes Rollenspiel mit mir ein!«.

Verstehend nickt er, blickt mir gleichzeitig tief in die Augen, indes ich meine Hand auf seinen Unterarm lege. Mit seiner freien Hand nimmt er die meine und führt meine Fingerspitzen an seine Lippen. Helmut sieht uns entgeistert an und mimt auf diese Weise, ohne zu wissen, in welche Schmierenkomödie er geraten ist, den verblüfften, eifersüchtigen Kontrahenten.

Ich merke, wie der Mann mit den Grübchen seinen Blick über unseren Tisch wandern lässt und zwinge ihm förmlich den gewollten Rückschluss auf: »Drei leere und drei volle Biergläser. Oha, der kesse Trick mit ›Für mich auch zwei!‹ scheint echt zu funktionieren.«

Sein atemberaubendes Lächeln bleibt kurz an mir hängen, verändert sich um Nuancen. Es sieht weniger nach »Alle Achtung«, eher nach Mitleid aus. Danach geht er auf seinen Freund an der Bar zu. Der Ober bringt die beiden Lookalikes in den Nebenraum.

Ich bin irritiert, wie ich es mir eigentlich von ihm gewünscht hätte.

»... du bist doch einverstanden, Uschi?«, klingt Helmuts Stimme wie durch eine Nebelwand an mein Ohr.

»Selbstverständlich«, hauche ich gedankenverloren, ohne zu bedenken, ob ich ihm soeben eine meiner beiden Nieren versprochen oder zugesagt habe, eine Woche auf Reinhards Söhne aufzupassen, während dieser mit seiner Frau den achten Hochzeitstag auf Teneriffa feiert.

»Fein! Somit ist alles klar!«, ergänzt Moritz.

»Sonnenklar«, kommentiere ich in der Hoffnung auf nähere Einzelheiten, die Licht in die Sache bringen könnten.

»Gilt es lediglich auszumachen, wer Mutter die Botschaft überbringt, dass wir einhellig der Meinung sind, sie in einem Nervensanatorium unterzubringen? Am besten du, Uschi. Eine Frau findet da bestimmt die passenden Worte, nicht wahr?«

Ach du liebe Zeit. Was zum Filmriss war das?

»Hä?«

War ich nicht nur eine halbe Minute, sondern zwei Jahrzehnte geistesabwesend? Entsetzt schaue ich von einem zum anderen, bis ich endlich ein feines Lächeln um Max' Lippen entdecke. Er ist definitiv der schlechtere Schauspieler. Oder der Sanftmütigere der beiden.

Befreit atme ich auf und muss mich noch gehörig necken lassen, bevor die zwei ihren Geschenkvorschlag zu Vaters 68er anbringen und meine Zustimmung zu einer Kiste Chardonnay erhalten.

»Und darf dein älterer Bruder erfahren, wer das ist, der dich vorhin dermaßen aus der Bahn geworfen hat?«

»Ach, bloß eine Zufallsbekanntschaft«, murmle ich und führe mein Glas an den Mund, damit meine Miene nicht mehr verrät, als ich zugeben möchte. »Lieber kaufe ich mir einen Strick und erschieße mich, bevor ich mein ramponiertes Liebesleben vor euch ausbreite.«

»Klingt vernünftig. Bekomme ich deinen Wagen und deine Autogrammsammlung, wenn du von uns gegangen bist?«, neckt mich mein jüngerer Bruder und schneidet passend zu seinen Handbewegungen des Erschießens und Strangulierens eine Todesgrimasse mit heraushängender Zunge.

»Zufallsbekanntschaft? Na, dann ist es ja gut«, antwortet Helmut mit einer Stimme, die verrät, wie wenig gut er mein Verhalten und meine Antwort findet.

»Deshalb sieht unsere Schwester mutmaßlich so aus, als bete sie gerade um einen schnellen Tod.«

»Lass sie doch«, springt Reinhard in die Bresche, »Sie ist halt zu alt für ›cool‹. Sie zieht jetzt diese ›Peinlich-Nummer‹ durch. Daran werden wir uns gewöhnen müssen. Und daran, dass wir den Namen unseres künftigen Schwagers erst auf der Hochzeitseinladung erfahren werden, ebenfalls.«

Ganz gegen meine Natur bin ich zu sehr durch den Wind, um seine freche Aussage mit einem fröhlichen »Klar bin ich peinlich. Das gehört zu meinen Kernkompetenzen.« oder »Ich brauche wenigstens keine harten Getränke, um peinlich zu sein. Das bekomme ich auch nüchtern hin.« oder »Oh Gott war das peinlich. Lass es uns augenblicklich wiederholen.« zu parieren.

Und zum Thema Namen: *Den* wüsste ich selbst gern, zu gern. Leider ist das eine immens vertrackte Sache. Ich habe ihn mir einfach nicht gemerkt. Irgendwie war ich nach dem Speeddating und meinem Zusammenstoß dermaßen geschockt, dass ich alles nur am Rande mitbekam. Und außerdem hat der Anblick des Grübchenmanns kurzerhand meine Synapsen im Hippocampus ausgeknockt, schwups hatte ich bereits nach dem zweiten Bier keine Erinnerung an seine gewiss charmante Vorstellung. Unangenehm! Aber ich konnte nicht gut nachhaken: »Sei mir nicht böse, Süßer, darf ich dich was fragen? Versprich mir bitte, dass du nicht sauer wirst. Wie heißt du gleich noch mal?«

Kein besonders günstiger Beginn einer Romanze.

Aus diesem Grund zermartere ich mir seither mein Gehirn und komme auf keinen grünen Zweig. Ein Zweisilber mit »e« bald nach dem Anfang ist das einzige, worin ich mir bei seinem Vornamen ziemlich sicher bin. Darüber hinaus Schleiervorhang. Gernot? Gebhard? Gerhard? Erhard? Erwald? Ewald? Da klingelt nichts. Und passt auch alles nicht zu ihm.

Nun zu meinem soeben absolvierten Auftritt. In meinen Augen habe ich die Szene zuvor bravourös gemeistert. Mein irdischer Schutzengel lügt, was seine Flüge nach North Dakota betrifft. Und zwar nicht zum ersten Mal. Und ich eben in Bezug auf meine Begleiter. Somit habe ich mir nichts vorzuwerfen. Peinlich wäre es nur, wenn er wüsste, dass ich eine lächerliche Show mit meinen Brüdern abgezogen habe. Andererseits, woher sollte er dieses Detail der Familienzusammengehörigkeit kennen (Unähnlichkeit sei Dank)? Unser Verwandtschaftsverhältnis kann nur denen dämmern, die mein Titelbild auf Facebook gesehen haben, das mich mit den beiden auf meiner Geburtstagsfeier letzten August unter dem Spruchband »Happy B-Day – deine Brüder Max & Moritz« zeigt. Oder jenen, die dieses Foto auf meinem WhatsApp-Profil vorfinden. Dazu müsste er meine Handynummer haben.

Shit! Er HAT meine Handynummer!

Plötzlich habe ich das unbestimmte Gefühl, eine neue Höchstnote im Peinlichkeitswettbewerb zu kassieren. Ich unterdrücke mit erheblicher Willenskraft den Impuls, das »Sch«-Wort laut auszurufen und mir dabei mit der flachen Hand auf die Stirn zu schlagen. Ja, wenn's eine schafft, Wiedersehen souverän zu vermasseln, dann ich. Darin habe ich es zur Perfektion gebracht. In letzter Zeit nimmt das durchaus selbstzerstörerische Tendenzen an.

Jetzt weiß ich auch seinen leicht spöttischen Blick zu deuten. Mir wird zugleich eiskalt und siedend heiß.

Könnten wir meine Erfolgsgeschichte nicht einfach zurückspulen bis zu dem Moment als ich unter dem Tisch auftauche? Oder noch weiter zurück. Viel weiter.

»Eine dritte Runde Bier oder doch etwas Härteres?«, lacht Reinhard.

»Immer her damit! In dieser Reihenfolge!«

Alkohol ist aktuell das einzig probate Mittel, zu erleben, dass sich die ganze Welt um mich dreht. Um nicht abhängig zu werden, trinke ich ihn lediglich an Wochentagen, die ein »t« enthalten. Indianerinnenehrenwort!

»Kopf hoch!«

Zerknirscht hocke ich auf meinem Bett. Links von mir Ruth, rechts Natalie. Ich bin das Häufchen Elend in Person. Und in der Mitte. Was und wo auch sonst sollte ich sein!?

Beide haben nach meinem von Weinkrämpfen gebeutelten Anruf alles liegen- und stehengelassen, um mir auf schnellstem Weg mit Trost in Form von Worten, Promille und Kohlenhydraten beizustehen.

Daran erkennt man echte Freundinnen. Sie eilen kurz nach deinem Hilfeschrei zu später Stunde herbei, sitzen beim Weltuntergang gemeinsam mit dir auf dem Bett, lachen und weinen im Chor, betrinken sich mit dir und grölen vereint »Who the F*** is Grübchenmann?«. Im Idealfall helfen Sie dabei, Voodoopuppen zu basteln, ein neues Profil auf Facebook zu entwerfen oder der Welt den Stinkefinger zu zeigen.

Die zwanzig Minuten vor ihrer Ankunft verbrachte ich damit, meine Taschentuchvorräte zusammenzusuchen, den Weinkühlschrank zuzukleben und mir im Spiegel die vernichtendsten Blicke zuzuwerfen.

Verdammt! Wo ist der Reset-Button für mein Leben?

»Wieffoo lü-hügt er immer, daff er abreischt? Dasch macht miff so-ho fertig. Und jetzt habe isch alleff vermasschelt (schnief)! Er wird miff nie wieder se-he-hen wollen (schluchz)! Iff gehe ins Kloschter oder wandere aus oder spri-hinge von der Autobah-hanbrücke. Hu hu hu!«

Ruth hat zwei Flaschen Rioja vom Feinsten mitgebracht (tschüss, meine mit Klebeband verbarrikadierten guten Vorsätze), Natalie frisch gebackene Dinkel-Energiekekse. Wir trinken abwechselnd zunächst aus der ersten, dann der zweiten Flasche und überziehen mein Leintuch mit dunkelbraunen Krümeln.

Sie sind ein Sinnbild für die Brösel in meinem Leben. Was habe ich schon von meiner neuen Freiheit? Vielleicht war die Scheidung der blödeste Einfall, den ich je hatte? Und das will etwas heißen!

»Isch werde einffam und allein schterben. Isch habe kein Talent zum Glückliffschein! Meine be-hesten Jahre habe ich in mei-heiner Ehe verschwendet, jetzt bin ich beziehungsmäffig voll ausch der Ü-hü-hübung.«

So unterschiedlich ihre Lebensentwürfe, ihre Mitbringsel und ihre Freizeitklamotten sind (Natalie trägt einen ausgebeulten, rosa-grauen Jogginganzug mit einer übergroßen Maus auf dem Oberteil, die an einem aufgesteppten Käse-Eck knabbert und eine graue Kordel als Schwanz angenäht hat, Ruth eine hippe, schwarze Glanzleggings, dazu ein steif-weißes Oversized-Markenherrenhemd), so unterschiedlich sind auch die Ratschläge meiner Freundinnen.

»Jetzt ist genau die Phase, wo du dich austoben, etwas Verrücktes, Unüberlegtes tun kannst, ungebunden wie du bist. Hab einfach Spaß. Flirte, verliebe dich, sammle ein paar Kerben auf deiner Bettkante. Beneidenswert!«

»Geh es langsam an. Du musst dich nicht übereilt binden. Entdecke dich selbst einmal. Sei freiwillig und überzeugt Single.«

Ausgezeichnet! Soll ich jetzt würfeln, was zu tun ist? Oder einer widersprechen? Lieber auf Wein oder

Süßes verzichten? Freiwilliger Single bin ich soundso, aus freiwilliger Entscheidung der Männer natürlich, die mich links liegen lassen. Dabei verlange ich nichts Besonderes – Interesse an mir, ein klein wenig Beziehungsglück, verliebtes Herzklopfen.

Ich versuche es mit einer unverbindlichen Antwort, die halbwegs auf beide Empfehlungen passt und nebenbei meinem Prinzip des Widerspruchs treu bleibt.

»Dasch habe isch seit meiner Scheidung auf tau-hausend Arten probiert. Allein mascht esch kei-heinen Spa-haß!«

»Du hast doch alle Trümpfe in der Hand«, versucht Natalie mich aufzumuntern.

»Das nützt ihr nichts, wenn das Leben derzeit Schach spielt«, konstatiert Ruth trocken und schüttelt geringschätzig den Kopf.

»Beides nicht wah-har. Es schpielt Schwa-harzer Peter«, schluchze ich. »Und ich krieg' ihn jedes Mal!«

»Da kannst du noch froh sein, dass es nicht ›Hose runter‹ spielt. Im Übrigen warst du auch in deiner Ehe einsam«, bringt es Ruth auf den Punkt. »Du wolltest es dir nur nicht eingestehen. Ich erinnere mich genau an unsere Endlostelefonate, was dir alles nicht gepasst hat. Also stell deinen Ex nicht nachträglich auf ein Podest. Dort hat er nämlich nichts verloren. Klettere lieber selbst hinauf.«

»Iff bin halt nicht so sta-hark wie du. Und nicht fürsch Alleinsein geboren. Ich will endlich wieder flach gelegt we-herden. Von einem to-hollen Mann! Nicht nu-hur von einer Depression oder Grippe.«

Ich neige dazu, in Gefühle hineinzukippen. Etwas. Ordentlich. Hilfe!

»Ach, was! Du bist im besten Alter und hast noch genügend Zeit, jemand kennenzulernen. Es ist weiß Gott zu früh für eine Beziehung. Erfinde dich neu.«

Solche Allerweltsratschläge zeigen bei mir nicht die erhoffte Wirkung, ob mit oder ohne Gottesbezug. Das funktioniert einfach nicht. Mein Tränenfluss ist unerschöpflich, irgendwo geheimnisvoll von einer tief verborgenen Selbstmitleidsquelle gespeist.

»Warum soll er sich denn je-he wieder bei mir me-helden«, wende ich mich schluchzend an meine andere beste Freundin, von der größere Empathie zu erwarten ist.

»Ich weiß es nicht, Liebes. Aber davon geht die Welt nicht unter«, versucht sich Natalie mit einer trost- zugleich keineswegs hilfreichen Antwort und steckt mir den nächsten Keks zwischen die Lippen.

»Falsche Antwort«, nörgelt Ruth.

»Falsche?«, fragt Natalie empört nach.

»Ja«, kommt es wie aus der Pistole geschossen. »Klarerweise muss es heißen: Weil du eine entzückende, begehrenswerte, ideenreiche und sogar in dieser Szene gutaussehende Frau bist.«

Ich weiß. Scheißsituation, daher Superfrisur. Wie gewohnt. Heiliger Lockenstab!

»Oh ja. Natürlich ist sie das. Ich wollte Uschi nur Mut machen, falls der Kerl das nicht erkennt.«

»Wenn sie so weiterheult und du sie mit Keksen vollstopfst, wird er das auch bald nicht mehr erkennen können.«

Himmel Herrgott! Ein paar Kekse werden mich nicht stante pede zum Plus-Size-Model machen, oder? Was ist im Gegensatz dazu ein Leben ohne Goodies?

Ruth ist eben Pragmatikerin durch und durch. Und die Ehrlichkeit in Person.

Deshalb will ich von ihr wissen: »Hältst du mich wirklich für bege-he-renswert? Oder doch eher für verrü-hückt?«

»Vorsicht«, verkündet Natalie. »Das klingt nach Falle. Noch ein Keks?«

Es wundert mich, dass ihre Sprösslinge rank und schlank sind. Mit den kalorienreichen Liebesbezeugungen ihrer Mutter müssten die drei aussehen wie Winnie Puuh, nachdem er im Honigtopf steckengeblieben ist.

Mein Handy meldet den Eingang einer WhatsApp-Nachricht und bringt mich um Ruths Antwort. WER? Oh, sweet mother of teenage Jesus – it's him! Mein Herz beginnt zu wummern wie ein Presslufthammer auf Speed. Mit zitternden Fingern öffne ich die App.

»Du schmeisst zwei duberabendlich fette Gröber zu laden und eine misslich schlichte Wohnung vor nur« lese ich mit tränenverschleiertem Blick.

»ÄH?«

Ich wische mir die Augen trocken, kneife sie mehrmals zusammen und nehme einen neuerlichen Anlauf.

»Du scheinst zwei außerordentlich nette Brüder zu haben und eine ziemlich schlechte Meinung von mir« formt sich der Text allmählich zu einer vernünftigen, wenn auch nicht herzerwärmenden Botschaft.

»Dabei hast du noch Glück, dass er nicht ›und einen massiven Sprung in der Schüssel‹ angeschlossen hat.«

Bei hysterischen Ausbrüchen mit traumatischem Background nervt Ruths Unverblümtheit enorm.

Gleichzeitig hilft mir der Unmut über ihre direkte Art, endlich meinen Tränenfluss zu besiegen.

Natalie reagiert gänzlich konträr. Sie legt ihren Arm um mich, von dem einige Brösel rieseln.

»Und du dachtest, er meldet sich nicht mehr!«, muntert sie mich auf.

»Das ist bloß ein Gnadenakt, keine Zuneigung«, wehre ich ab. »Und vielleicht ein wenig Schuldbewusstsein wegen seiner zweimaligen Lüge. Was soll ich denn jetzt schreiben? Ob ich ihm gleich eine Antwort gebe? Kann ich schon morgen mit ihm ausgehen? Ist es okay, wenn wir beim ersten Date Sex haben?«

Meine Freundinnen blicken mich mitleidig an. So nach dem Motto: »Na, dich hat's ja gewaltig erwischt.« Ihre Antworten auf meine vier Fragen sind einhellig und eindeutig: nichts, nein, nein und nein. Um es zu verdeutlichen, schließt Ruth ein »Bist du vollends verrückt? Nicht einmal, wenn für übermorgen der Weltuntergang angesagt ist.« an.

Und Natalie ergänzt: »Falls du dir einen Ruf als Orthopädie-Schlampe aufbauen willst, dann gib Gas!«

»Und, ihr zwei Superschlauen, was würdet ihr tun?«

»Fürs Erste gar nichts«, rät Ruth. »Lass ihn warten, und denke in Ruhe darüber nach.«

»Entschuldige dich für deine Vorstellung, und sag, das Ganze war ein Scherz.«

Ruth wirft ihr einen vernichtenden Blick zu, den Natalie nur zu einem geringen Prozentsatz richtig deutet.

»Natürlich nicht sofort. Schlaf drüber, da hat Ruth vollkommen recht. Ich sollte übrigens selbst in Kürze ins Bett. Der Wecker klingelt um halb sieben, aber Bibi ist sicher früher munter, so verschnupft wie sie momentan ist.«

»Für mich wird es auch Zeit«, merkt Ruth an (zumindest darin sind sich die beiden einig). »Morgen wartet eine anstrengende Besprechung mit dem Betriebsrat und eine Verhandlung mit einem nervigen Stammkunden auf mich.«

Nach zwei heftigen Umarmungen, gestammelten Dankesbezeugungen meinerseits und den Abschiedsworten »Mach um Himmels willen keine Dummheiten, Süße! Hier sind die restlichen Kekse.« sowie »Entschuldige dich ja nicht, bleib cool und richte keinen gröberen Schaden an! Versprichst du mir das?« fällt die Tür ins Schloss.

Die beiden Flaschen sind geleert. Ich lasse mir die letzten Tropfen auf die Zunge rinnen. Und stopfe mir die übriggebliebenen Kekse in den Mund. Welches menschliche Wesen mit Liebeskummer kann angebrochenen Süßigkeitenpackungen widerstehen? Ich bin da keine Ausnahme. Natürlich beschleicht mich nach dem letzten Bissen schnurstracks das schlechte Gewissen und der Unmut über meine Naschsucht. Erzürnt schüttle ich die Kissen und meine extragroße Bettdecke auf und rücke den Überresten mit meinem Handstaubsauger zu Leibe.

Mitten auf dem Leintuch liegt mein Handy. Ich fixiere es mit einer gefährlichen Gefühlsmischung aus Wut, Sehnsucht und Anklage, das durch den reichlichen Alkoholgenuss mit einer Portion »auch schon egal« aufgepeppt wird. Spontan tippe ich meine Antwort. Sie ist weder reiflich überlegt noch besonnen, sondern impulsiv und ironisch wie ich nun mal bin.

»Wie ist das Wetter in North Dakota?«

Nahezu umgehend meldet mein Signalton eine eingegangene Nachricht.

»Verstehe, du bist angefressen.«

Du ahnst nicht, wie sehr. Aber das geht dich nichts an, du Lügner. Deshalb schreibe ich: »Eher angetrunken. Und? Viel zu tun? Oder schon Feierabend?«

Pause. Lange Pause. Ich rufe alle Götter an, die mir auf Anhieb einfallen. Offenkundig reagieren Götter, die nur alle *heiligen* Zeiten angerufen werden, nicht postwendend. Sie erhören einen ja selbst dann nicht, wenn man um essenzielle Dinge wie den Weltfrieden, ein Mittel gegen Männerschnupfen oder die Wiedereinführung des Schönheitsideals von Rubens bittet. Eine erbetene Message von einem Grübchenmann mit Sexappeal landet vermutlich (sowas von unbarmherzig) ganz unten im Bittenstapel auf ihren goldenen Schreibtischen. Also rede ich mir ein, das Handy werde sich erst rühren, wenn ich meinen vorwurfsvollen Blick abwende. Besser noch, das Zimmer verlasse.

Frustriert tappe ich ins Bad, um den Rest der Wimperntusche abzuschminken, den meine Tränen nicht beseitigen konnten. Nun darf ich mich unter Menschen trauen. Ich schnappe die beiden leeren Weinflaschen und bringe sie zum Glascontainer vor dem Haus. Natürlich begegne ich keiner Seele. Wer ist um 00:10 Uhr denn unterwegs? Zum Altglasentsorgen? Das wäre doch zum Kopfschütteln. Ein Blick in den Nachthimmel, direkt über mir der Große Bär, löst meinen Tränenstrom erneut aus. Heilige Sternschnuppe! Ich bin eben hoffnungslos romantisch. Und unglücklich. Und ausgesprochen verrückt.

Sieben Minuten und einen verpassten Anruf später (ohne MobilBox-Botschaft diesmal) bin ich wieder in der Wohnung. Großartiges Timing!

Es ist zum Haare raufen, zum Verrücktwerden, zum Aus-der-Haut-Fahren … und zum Lachen. Tja, wäre der Ablauf nicht dermaßen tragisch, hätte das Ganze durchaus komischen Charakter. Ein Brüller in jeder Sitcom. Natürlich nicht solch ein Laut, der sich urschreiähnlich meiner strapazierten Seele entringt: »DAAAMNED!!!«

Ich kann nicht einmal zurückrufen oder eine Message schicken. Dass ich ausgerechnet während seines Calls zu nachmitternächtlicher Stunde kurz nach unserem Nachrichtenwechsel ein Tête-à-Tête mit dem Altglassammelbehälter hatte, klingt ebenso glaubhaft wie seine Beteuerungen, im Norden Amerikas an einer Uni zu unterrichten (die zu glaubhaft mutierten, wüsste ich um die dortige Studienjahrordnung mit den derzeitigen Novemberferien).

»Bloody hell, goddamn shit!«

Warum ist das Leben generell und meines im Konkreten derart beschissen und unfair? Und warum bekommen die fiesesten Artgenossinnen und Artgenossen alles, was sie wollen und ich ein Dauerabo an Ärgernissen und Komplikationen? Gerechtigkeit gibt es sichtlich genauso wenig wie Einhörner, Feen oder den Goldtopf am Ende eines Regenbogens. Und an der Existenz von Göttern – zumindest an jenen, die einen erhören – melde ich ebenfalls so meine Zweifel an.

»Willkommen im Team!«

Ab jetzt muss alles nach einem Masterplan ablaufen. Ich lasse mir doch nicht von dummen Zufällen und schrägen Zeitplänen ein Bein stellen.

Schritt 1: Ich versehe seine Handynummer als einzige mit dem Klingelton »You've Never Been To North Dakota«.

Schritt 2: Mein Smartphone, das seinen Namen eigentlich gar nicht verdient (was, bitte schön, ist smart, wenn es mir im ungünstigsten aller Momente den entscheidenden Anruf durch die Lappen gehen lässt?) wird mein ständiger Begleiter. Und wenn ich sage »ständig«, dann meine ich das. Egal, ob zur Toilette, in den Keller, zum Altpapiercontainer, beim Staubsaugen oder unter die Dusche – es ist immer nah bei mir, in Sicht- oder Hörweite. Ein zweites Mal versäume ich ihn gewiss nicht mehr.

Tu ich auch nicht, denn er ruft nicht an. Nicht am nächsten Tag, nicht am übernächsten oder den folgenden dreien. Schickt zudem keine SMS, kein WhatsApp, keine Grußkarte oder eine tote Ratte in einem Rachepaket.

Insgesamt kein Grund zur Beunruhigung, ich bin nicht völlig besessen. Höchstens ein wenig. Ein bisschen. Eine Spur. Gerade so viel, dass ich IHN in jedem vorbeifahrenden Auto, fortwährend auf der gegenüberliegenden Straßenseite oder in den Warteschlangen an der Supermarktkasse zu sehen glaube. Nicht etwa, weil er ein Allerweltstyp wäre. Da steckt Wunschdenken oder ein ordentlicher Dachschaden dahinter, müsste ich mir eingestehen, wenn ich denn ganz ehrlich zu mir wäre. Woher sollte ich schließlich wissen, dass er nach seinem ferialen Kurzaufenthalt exakt dort ist, wo ich ihn am wenigsten vermute, nämlich über 7.500 Kilometer Luftlinie entfernt?

Eine Woche später treffe ich mich in der Mittagspause mit Ruth auf einen Snack. Übersetzt bedeutet dies, sie bestellt Salat mit gegarten Hähnchenbruststreifen, ich einen Grillteller mit Pommes und Mayo.

»Ich mache mir Sorgen«, eröffnet meine ehrlichste und beste von zwei Freundinnen das Gespräch.

»Musst du nicht«, erkläre ich. »Ich habe alles fest im Griff!«

»Klar!«, meint sie und steuert direkt aufs Eingemachte zu. »Es ist also total normal, das Handy am Oberarm ›angetackert‹ zu tragen, bei jedem, der das Lokal betritt, aufzuschauen und bei männlichen Exemplaren über eins siebzig Körpergröße und unter siebzig Jahren zusammenzuzucken, als hätte dich jemand mit der Hand in der Keksdose erwischt?«

»Die einen sagen so, die anderen so«, versuche ich es mit einer abwiegelnden Antwort.

Damit bin ich bei Ruth jedoch an der falschen Adresse.

»Das kannst du deiner Großmutter, unserem ehemaligen Klassenvorstand, deiner Scheidungsanwältin oder irgendeinem dusseligen Therapeuten erzählen. Mich brauchst du nicht für dumm verkaufen. Du bist komplett durch den Wind wegen diesem Scheißkerl, der sich seit Tagen nicht meldet. Du hast Besseres verdient.«

»Keine Chance! Ich habe halt nun mal eine Schwäche für Männer mit Grübchen, Charme und Sexappeal.«

Selbstmitleid ist herrlich, wenn man ausgiebig darin baden kann.

»Das sagt gar nichts! Du hast auch ein Faible für Sour Cream Chips, die Chippendales und witzige Katzenvideos. Trotzdem bringen die dich nicht dermaßen um den Verstand. Du hast ihn hoffentlich nicht angerufen?«

Habe ich nicht. Meine verzweifelten Versuche, ihn auf Facebook aufzutreiben, muss ich ihr keineswegs auf die Nase binden. Und meine hundertsiebenundfünfzig Sucheingaben (ohne konkreten Namen) in Google mit – no na – nebulosen Ergebnissen ebenfalls nicht.

Ruth zeigt sich von meinem heftigen Kopfschütteln kein bisschen beeindruckt. Allem Anschein nach arbeitet sie eine mentale, in den letzten Tagen erstellte Endlosliste von Kritikpunkten ab, die sie während unseres Gesprächs laufend ergänzt.

»Wieso zur Hölle genießt du dein Singledasein nicht? Machst, was dir gefällt und lässt die Männer Männer sein?«

»Ach, ich weiß nicht. Alleinsein ist doof. Und nervtötend.«

»Nervtötend kann das Leben auch zu zweit sein!«

»Wofür lohnt es sich denn, jeden Morgen pünktlich aufzustehen, sich zurechtzumachen …?«

»Du stehst nie pünktlich auf«, unterbricht mich Ruth, »und zurechtmachen, na ja …«

Habe ich schon erwähnt, dass ihre Ehrlichkeit ur strapaziös ist?

»Ok«, räume ich ein, »doch du verstehst, worauf ich hinauswill?«

»Durchaus nicht! Aber, um dich auf sinnvolle Gedanken zu bringen, ich hätte da ein Jobangebot für dich. Das könnte dich nicht nur ablenken, sondern echt fordern. Und damit du es dir nicht lange überlegst – morgen hast du ein Hearing beim Personaler von Medical Health International, Herrn Öttinger, den ich vor zwei Wochen auf einer Konferenz kennengelernt und wegen dir angequatscht habe. Im neuen City-Center, überpünktlich um 10:00 Uhr, ausgeschlafen, gestylt wie eine Karrierelady, nicht wie ein ›Ich kämpfe mit Eyeliner, Wimperntusche, Lippenkonturenstift & Co. und verliere dabei‹-Girlie, selbstbewusst und tough. Haben wir uns verstanden?«

»Ja, Mum«, wäre mir fast herausgerutscht.

Stattdessen murmle ich: »Mal sehen.«

Ein neuer Job?

Das stand wahrhaftig nicht an oberster Stelle meiner Wunschliste. Wie kommt Ruth dazu, derart massiv in mein Leben einzugreifen? Andererseits »Why not?«, wie man in North Dakota zu sagen pflegt. Das würde mich tatsächlich ablenken, mir neue Perspektiven eröffnen und nebenbei womöglich mein Bankkonto entspannen, das nach dem Auszug von Paul durch die volle Abbuchung der Wohnungsmiete und meine Selbstverwirklichungsaktionen Richtung Magersucht tendiert.

»MAL SEHEN? Ich glaub', ich hör' nicht recht? Weißt du, was ich dir da aufgerissen habe? Ein Megaweihnachtsgeschenk! Du marschierst dort morgen rein und kehrst mit einer Erfolgsmeldung zurück. Ist das klar?«

»Ja, Mum, äh Ruth«, stammle ich nun doch. »Verstehe! Nicht anrufen. Pünktlich aufstehen. Korrekt schminken. Erfolg abholen.«

Im Anschluss löchere ich sie mit Fragen zum unerwarteten Termin. Schließlich möchte ich erfahren, auf welches Terrain ich mich begebe und worum ich mich bewerbe. Assistentin der Geschäftsführung in einem Konzern für medizinische Fachartikel – so, so. Mit Firmenwagen, Büro in einem zwölfstöckigen Glaspalast, Auslandsgeschäftsreisen und zwei zugeordneten Mitarbeiterinnen. Klingt fantastisch und wäre ein toller Start ins neue Jahr. Leise Zweifel melden sich: »Passt das zu mir, der Mittelmäßigen?«

Tja, das habe nicht ich zu entscheiden, sondern der Personalmanager morgen. Und der muss es ja wissen.

Von ausgeschlafen konnte natürlich keine Rede sein. Mehrmals schreckte ich nach kurzen, oberflächlichen Traumfetzen auf. Einmal sehe ich mich inmitten einer Horde Windhunde einem Polizisten erklären, was ich – verkleidet als Bambi – auf dem endlosen Flur eines utopischen Firmengebäudes zu suchen habe, ein andermal sitze ich im Flugzeug und will über North Dakota mit einem Fallschirm abspringen. Der öffnet sich jedoch nicht und ich lande pfeilgerade in einem überdimensionalen Bierglas, aus dem ich mich nur mühsam mit Hilfe von zwei Walkingstöcken befreien kann. Schweißgebadet wache ich auf, um kurz darauf Paul gegenüberzustehen, der mir einen mit Kuchenbrösel übersäten, geschmacklosen Pullover überreicht, den ich mir vor einer Jury bestehend aus der Karpfendame beim Speeddating, einem Kapitän und zwei Zeugen Jehovas überziehen muss, bevor sie mich in einer Mülltonne versenken. Endlich meldet sich mein Handy, und ich bin richtig dankbar, aufstehen zu dürfen.

Meine Bedenken verstecke ich unter einer Extraschicht Make-up, meine zweieinhalb Kilo Übergewicht (warum habe ich gestern nicht auch Salat mit trockenem Hühnerfleisch gegessen?) in einem straff sitzenden Body und die Beruhigungstabletten in meinem Kosmetiktäschchen. Auf dem Weg vom Lift zum Öttinger-Büro sage ich mir stetig vor »Bauch rein, Brust raus, Schultern zurück«. Wie ich meine leicht zitternden Finger verbergen soll, ist und bleibt rätselhaft und wie lange der hauchdünne Anflug von Selbstsicherheit und gekonntem Auftreten halten wird, ebenfalls.

Ruth hat bei ihrem Vorfühlen gewaltig dick aufgetragen mit meinen Kompetenzen, Berufserfahrungen und Fähigkeiten. Klar, ich besitze neben meiner medizinischen Ausbildung eine Reihe von Zusatzqualifikationen, bin nicht auf den Mund gefallen und zudem in praktischen Dingen versiert. Dazu psychisch sowie physisch belastbar, unabhängig (was für ein schönes Synonym für unbemannt) und weit entfernt von Mutterschutz- und Karenzausfall. Da hat sie recht. Mit meinen angeblichen Kenntnissen auf dem Marketingsektor hat sie allerdings mächtig übertrieben. Die paar Gelegenheiten, bei denen ich Paul inspiriert oder aus einem kreativen Tief geholfen habe, machen aus mir noch keine Werbefachfrau.

Vor dem Personalbüro kauert eine sympathische, dunkelhaarige Frau in den Vierzigern und kramt in ihrer Handtasche. Beim Näherkommen bemerke ich

Tränen in ihren Augen. Oh verdammt, worauf habe ich mich da eingelassen? Mein Herz rutscht mit einem Ruck zwei Etagen tiefer wie ein defekter Fahrstuhl.

»So schlimm?«, frage ich mitfühlend, wobei die Anteilnahme mehrheitlich mir und meinem bevorstehenden Assessment gilt.

»Entsetzlich dumm gelaufen«, haucht sie. »Und äußerst peinlich!«

Peinlich? Das wäre eigentlich mein Ding. Bemerkenswert. Noch bevor ich nachhaken kann, gibt meine Konkurrentin bereitwillig Auskunft.

»Beim Verabschieden habe ich versehentlich die angebotene Kaffeetasse vom Besprechungstisch gefegt. Herr Öttinger wollte mir zu Hilfe eilen und ist bei seinem raschen Schritt umgeknöchelt. Anscheinend hat er sich gröber verletzt. Sowas von unangenehm. Keine Ahnung, was ich jetzt machen soll!?«

Ich bin nicht imstande, ihr zu helfen. Bedauerlich! Aber Herrn Öttinger möglicherweise.

Hopp oder dropp, wie es meine Art ist, stürme ich unaufgerufen ins Büro. Meine Unsicherheit ist verschwunden.

Ein sympathischer, gepflegter Gentleman, durchaus attraktiv, eher Ende als Mitte vierzig sitzt mit schmerzverzerrtem Gesicht auf einem der vier stylischen Stühle an einem ovalen Glastisch. Das eine, hochgelagerte Bein massiert er rund um sein Fußgelenk, von der Armlehne baumelt eine dunkelgraue Herrensocke. Wie ich es gefühlte fünfhundertmal nach der Diagnose von Doktor Gabriel in der Weiterversorgung gemacht habe, nehme ich seinen Fuß in meine Hände und bewege ihn vorsichtig in alle Richtungen. Öttinger stöhnt kurz auf und betrachtet mich mit einer Mischung aus Irritation und gespanntem Interesse.

»Schwere Zerrung, jedoch mit an Sicherheit grenzender Wahrscheinlichkeit nichts gebrochen. Trotzdem vorsichtshalber röntgen lassen. Zwei Vorschläge: Entweder Sie organisieren sich umgehend einen Beutel Eis und kühlen den Bereich oder ich lege Ihnen einen elastischen Druckverband an.«

Einen solchen habe ich für etwaige Unglücksfälle (hauptsächlich eigene) stets griffbereit in meiner Tasche. Öttinger nickt, sodass ich die Rolle herausziehe.

Seinen lädierten Fuß bandagierend, gelingt es mir, meine Begrüßung nachzuholen: »Nachdem der praktische Teil des Vorstellungsgesprächs nun erledigt ist, möchte ich mich kurz bekannt machen: Ursula Grünbach, ich komme auf Empfehlung von Ruth Kettwick. Für die nächsten Tage genügt eine handelsübliche Stützkompresse. Am besten nehmen Sie die von ›Haugg & Söhne‹, solange es sie noch gibt. Hervorragendes Material, angemessener Preis, im Inland gefertigt, alteingesessene Firma, die ihre Produktion in Kürze leider einstellen wird. Der alte Haugg ist nämlich schon einer der Söhne, hat keine Nachfolger und in der heutigen Zeit lässt sich ein dermaßen kleines Unternehmen nicht mehr rentabel führen.«

Öttinger schüttelt verwundert den Kopf. So wenig ist er aller Voraussicht nach bei keinem Einstellungsgespräch zu Wort gekommen.

»Sie können übrigens zusätzlich Eis draufpacken«, erkläre ich abschließend.

Dann halte ich den Mund und sehe ihn erwartungsvoll an.

»Nehmen Sie Platz, Frau Grünbach.«

Während ich mich niederlasse, humpelt der Personalist zu seinem Schreibtisch, drückt auf eine Taste und gibt seiner Assistentin eine Anweisung durch.

Nicht, um – wie erwartet – einen Kübel Eiswürfel zu ordern, sondern mit dem Auftrag, allen anderen Bewerberinnen und Bewerbern abzusagen. Bevor Öttinger sich wieder zurückbemüht, folge ich ihm mit meinem Sessel an seinen Arbeitsplatz. Er nickt dankbar. Hierauf entnimmt er seiner Mappe einen handbeschriebenen A4-Zettel, auf dem ich Ruths Schrift erkenne.

»Erzählen Sie von sich«, eröffnet er letztendlich das Hearing. »Ich habe ja keinen Lebenslauf von Ihnen vorliegen, lediglich ein paar Notizen, die mir die liebenswerte Kollegin Kettwick zukommen ließ. Und dann greifen wir das Thema ›Haugg & Söhne‹ auf. Das klingt sehr interessant.«

Eine halbe Stunde später habe ich den Job, mein Einstiegsprojekt und Doktor Gabriel einen Patienten mehr sowie mit Jahresende eine Mitarbeiterin weniger. So schnell kann es manchmal gehen. Und so viel zu Masterplänen, ausgetüftelten Strategien und selbstbestimmtem Handeln.

Ruth ist von meiner Erfolgsstory überaus begeistert. Und fühlt sich geschmeichelt, als ich ihr von Öttingers wohlwollender Bemerkung über »die liebenswerte Kollegin« berichte.

Womöglich ist die Suche nach der wahren Liebe wirklich Zeitverschwendung? Was brauchst du einen Mann, wenn du gesund bist und eine neue, tolle Aufgabe hast?

»Bitte anschnallen!«

Die Wochen am Beginn des neuen Jahres verfliegen in etwa demselben Tempo wie mein Höllenritt mit dem Tandemflugbegleiter. Glücklicherweise bin diesmal ich die Pilotin. Büro einrichten, im neuen Job Fuß fassen, erste Dienstreise nach Bern zu einem der führenden Medizintechnikunternehmen lassen mir weder Luft, mich wegen meines unüblichen Jahreswechsels als Alleinstehende zu bedauern, noch Zeit, mich darüber zu beschweren, wie hektisch es gerade zugeht. Es gelingt mir zudem, kaum an den Grübchenmann zu denken. Höchstens unmittelbar nach dem Aufwachen, unter der Dusche, vor dem Einschlafen (da besonders) oder, wenn ich Lust auf Schokolade habe. Mit der läuft so eine eingespielte Gedankenübertragung, die spürt meinen Liebeskummer nämlich und drängt sich dann förmlich auf. Dazwischen heißt es »Office-Talk« lernen. Meine Anfängerkenntnisse aus dem Fitnesscenter helfen mir da rein gar nichts. Doch bald klingen Mitteilungen wie »Benötige ASAP ein Briefing für die Pain Points von ›Haugg & Söhne‹ im Meeting« vertraut, wenngleich ich das »Wording« überzogen finde.

Der schönste Nebeneffekt dieser intensiven Phase: Es ist nicht einfach, Karriere und peinliche Aktionen unter einen Hut zu bringen. Das Aufstehen macht Spaß. Etliche Tage hintereinander ohne Schminkdesaster und Kaffeeüberschwemmung. Die Arbeit auch. Erfolg beflügelt ungemein. Schön langsam kann ich Ruths

Lebensmaxime nachvollziehen. Die ist inzwischen zwei Mal mit dem Öttinger ausgegangen. Spielt die »Dates« zwar als »Geschäftsessen unter Kollegen« herunter, doch da ist ein Leuchten in ihrem Gesicht, das weit über ihr selbstzufriedenes »Ich bin ja sowas von kompetent«-Strahlen hinausgeht. Mir bleibt zu wenig Muße, um sie gebührend zu necken, aber genügend, um mich für sie zu freuen.

Als DER Anruf kommt, rechne ich keineswegs damit. Es ist wirklich ein unglaublicher Zufall. Der Zeitpunkt natürlich. Und der Ort, wo mich das Telefonat erreicht, nicht die Tatsache, dass er auf dieser Seite des großen Teichs weilt. *Das* überrascht mich längst nicht mehr. Jedenfalls bringt mich seine Stimme aufs Neue voll aus dem Konzept. Ich hätte gern etwas Zickiges gesagt, dummerweise fällt mir grad nichts ein außer »ähm« und »och«. Und auf Wiederholungen stehe ich nicht.

Sein Angebot, uns auf »ein Bier oder zwei« (haha) zu treffen, muss ich kurzerhand abwürgen.

»Tut leid, ich bin soeben beim Einchecken und ziemlich unter Druck. Ich fliege in Kürze nach North Dakota. Witzig, nicht wahr?«

Das entspricht zumindest eher den Tatsachen als seine bisherigen Vorspiegelungen. Immerhin sitze ich binnen kurzem im Flieger. Wenn auch nur für drei Tage nach Darmstadt. Mit meiner Chefin. Zu einem Pharmaunternehmen. Aber wer braucht das schon so genau zu wissen?

Ich jedoch will ihm vermitteln, dass ich mich nicht wie er hinter einer Ausrede verstecke und mache, sobald ich auf meinem Platz sitze, ein Selfie, auf dem meine Umgebung deutlich zu erkennen ist. Damit er einmal weiß, wie so ein Flugzeug von innen überhaupt ausschaut.

Aufgekratzt tippe ich eine Nachricht, die mir das kleine Teufelchen auf meiner rechten Schulter diktiert: »Vielleicht schau' ich spontan auf der Uni vorbei und frage nach dem äußerst klugen, umwerfend aussehenden, nicht ganz ehrlichen Gastprofessor aus Europa? Fröhlichen Gruß Uschi«

Die Antwort folgt im Nu.

»Da wird dir keiner aufmachen. Aktuell sind verlängerte Semesterferien, denn das Dach muss wegen eines schweren Sturmschadens repariert werden. Danke für das ›umwerfend‹, kann ich nur zurückwerfen. Gleichfalls Gruß und :-*«

Das Küsschen haut mich um. Auf der anderen Seite: Warum (verdammt, verdammt, verdammt) schreibt der Mistkerl nie seinen Namen darunter?

Weil ich nicht gern lüge und, zugegeben, noch ein bisschen chatten möchte, stelle ich richtig: »Dann fliege ich eben schnell für drei Tage nach Darmstadt. Schönen Tag weiterhin.«

»Auf ein Speeddating?«

Ich mag Männer, die mich zum Schmunzeln bringen. Und dieses angenehme Kribbeln auslösen. Auch, wenn es lediglich biochemische Transmitter sind, die meine Hirnaktivität ein bisschen ausflippen lassen und für neuronale Irrungen und Wirrungen sorgen.

»Entschuldigung«, sagt die Flugbegleiterin in einem Tonfall, der klarstellt, dass sie sich für nichts und schon gar nicht bei mir für irgendetwas entschuldigen will.

»Stellen Sie a) Ihr Handy auf Flugmodus, schnallen Sie sich b) an, c) wir starten in Bälde.«

Die Einfügungen a) »zum Teufel noch mal«, b) »endlich« und c) »Sie lästige Wanze« braucht sie nicht auszusprechen, das erledigen ihr Blick sowie der verächtliche Zug um den Mund. Ich bin überzeugt, in ihrer Ausbildung wurde ihr erklärt, solches Mienenspiel im Sinne einer gedeihlichen Stewardess-Kunden-Beziehung zu unterlassen.

Aber offensichtlich hört sie in Stresssituationen ähnlich selten auf den gesunden Menschenverstand wie ich.

»Probleme?«, will meine direkte Vorgesetzte, Frau Reinhild Baumann-Börwich, MBA und MSc mit einem fragenden Blick auf mein Smartphone informiert werden.

Nicht aus Neugier, dazu ist sie zu distinguiert und mit essenzielleren Dingen beschäftigt. Mehr, um eventuelle Störfaktoren abzuklären und abzustellen, die meine Konzentration auf die bevorstehenden Verhandlungen trüben könnten.

Ich bewundere meine Chefin. Sie wirkt besonnen und selbstbewusst, ohne überheblich zu sein, ist unheimlich kultiviert, stets stilsicher und gleichzeitig unaufdringlich gekleidet. Wäre ich ein mittelalterlicher Minnesänger, würde ich ein 14-strophiges Loblied plus Lautenbegleitung anstimmen. Kommt aber nicht so gut unter all den Business-Fluggästen. Am meisten respektiere ich, wie gekonnt sie Sitzungen eröffnet und Konversationen am Laufen hält. Lautkreationen wie meine »huch«-, »ähm«- und »hmpf«-Stammeleien sind ihr bestimmt niemals über die Lippen gekommen.

»Nein, nein!«, beruhige ich sie. »Bloß ein Mini-Pain-Point in einer privaten Terminkoordination.«

»Ich beanspruche Sie fürwahr intensiv in den letzten Wochen«, findet Baumann-Börwich erneut die passenden Worte, und mir bleibt nichts übrig, als ihr sanft zu widersprechen und meine Gedanken auf die Abstimmung unserer Vorgangsweise zu fokussieren.

Unser Meeting verläuft optimal. Meine Vorgesetzte scheint mit mir zufrieden zu sein, und auch ich kann, sogar wenn ich strengste Maßstäbe anlege, an meiner Performance nichts Gröberes aussetzen. Natürlich muss ich mir, abgesehen vom Inhaltlichen, noch einiges an Gewandtheit aneignen, darf nicht bei jedem netten Sager unserer Businesspartner rot anlaufen und habe dringend mein Styling zu verbessern. Perfektes Outfit und makelloses Zubehör tragen enorm zu Selbstwertgefühl und Vermeidung von Hoppalas bei. Das wird mir bei unserer Ankunft am Heimatflughafen bitter bewusst.

»Gestatten Sie, Ihnen Ihr Gepäckstück zu reichen?«, wird Frau Baumann-Börwich von einem niveauvollen Herrn mittleren Alters angesprochen. Ich daneben dürfte für ihn unsichtbar sein.

»Sehr gern«, antwortet sie ohne eine Spur von Koketterie oder »Glauben Sie, eine Frau schafft das nicht ohne männliche Hilfe?«-Emanzengehabe. »Es ist der dunkelgrüne Glattledertrolley dort vorne.«

Gewandt übernimmt sie ihr Köfferchen und zieht den Bügelgriff heraus. Schon ist sie mit eleganten Schritten Richtung »Exit« unterwegs. Ich pflücke meine dunkelblaue Nylontasche auf Rädern, von der nach einer ungeduldigen Zerraktion meinerseits eine Plastikstütze abgebrochen ist, vom Förderband. Höchste Zeit, zumindest beim Reiseequipment aufzurüsten. Bei der Häufigkeit unserer geschäftlichen Trips zahlt sich das echt aus. Ich kann mich schließlich nicht jahrelang auf die Urlaubsunlust meines Ex ausreden. Widerspenstig humpelt das unförmige Ding hinter mir her.

Es dauert, bis ich den bockigen Reißverschluss meiner Handtasche aufkriege, um nervös alle Seitentaschen und Fächer nach dem Pass abzusuchen. Ich bin mir nicht sicher, ob ich ihn nach dem Einchecken in Darmstadt ordentlich verwahrt, ihn womöglich ausgestreut habe. Schlussendlich taucht er in einem meiner Mantelsäcke auf. An Eloquenz und Effizienz muss ich massiv arbeiten. Im Moment wirke ich wie eine überforderte Fünfzehnjährige, die erstmals ohne Mama und Papa auf Reisen war.

»Wir sehen uns morgen im Büro«, verabschiedet sich meine Chefin, ohne einen missbilligenden Blick oder ein ungeduldiges Wort über die Wartezeit zu verlieren. Das hat Klasse, und ich rechne ihr diese Haltung hoch an. »Vielleicht können Sie die wichtigsten Eckpunkte unserer Verhandlung in einem Memo zusammenfassen!? Und dann wünsche ich Ihnen einen entspannten Tagesausklang.«

Eingehüllt in eine Aura aus Stil und Noblesse schwebt sie davon, während ich mir eine ruhigere Zone suche, um mich zu adjustieren. Natürlich verklemmt sich beim Versuch, meinen Pass nun vorbildlich zu verstauen, der Zipp der Handtasche mit dem Innenfutter. Bei meinen verzweifelten Versuchen, ihn zu schließen, rutscht mir der Trageriemen von der Schulter. Die

Tasche schlägt gegen den an mich gelehnten Trolley (kaputter Ständer!) und wirft ihn um. Was bin ich froh, dass Reinhild Baumann-Börwich bereits im Taxi sitzt und meine peinliche Vorstellung nicht mitbekommt. Als ich mich nach meiner Reisetasche bücke, die platt auf dem Boden der Ankunftshalle liegt, klatscht meine tieferhängende Handtasche an meine Wade, trudelt nach unten und landet mit einem sanften Plumps neben meinem Trolley. Wenigstens ist kaum etwas einzusammeln, so viel Anstand hat das Ding.

Unvermittelt schiebt sich ein Schatten über mich. Gefahr!!! Überfall!!! Handtaschenräuber!!! Panik pur. Meine Nackenhaare sträuben sich, mein Atem setzt aus. Instinktiv schießt mein rechter Ellbogen nach hinten oben, verfehlt die Idealregion aller Selbstverteidigungsratgeber jedoch um eine Handbreite ... und kracht ins Gesicht des Angreifers, der etwas zurücktaumelt.

Volltreffer in den zweiten wirksamen Zielbereich im Kontaktkampf bei Übergriffen.

»So habe ich mir unsere Wiederbegegnung nicht vorgestellt ... aber irgendwie doch genauso«, sagt eine wohltönende Stimme, die die bekannten Symptome in meiner Brust- und Bauchregion auslöst.

Was hat denn DER hier zu suchen? Und wieso bitte jetzt? Nicht drei Minuten später, wenn ich halbwegs gesittet zur Glastür schreite.

Eine starke Hand holt mich samt Tasche aus meiner Kauerstellung und hilft mir, mich ihm zuzuwenden.

»Ich ... nun ja ... auch nicht. Ganz und ... ähm ... gar nicht. Alles ... ähm ...ok? Verzeihung wegen des ... des

… ähm … Rückwärtshakens. Oh, du bist ja … verletzt«, stammle ich.

In brenzligen Situationen verhält sich mein für Sprache zuständiger Gehirnlappen so koordiniert wie eine von Schüttelfrost geplagte Krake mit ausgeprägter Legasthenie. Unberechenbar. Wie ein Springbrunnen, der Buchstabensuppe sprüht, wobei die »äs«, »hs« und »ms« überproportional vertreten sind.

Seine Lippe ist aufgeplatzt, Blut rieselt in einem kleinen Bächlein über sein Kinn Richtung Hals. Keine Zeit, meinen widerborstigen Handtaschenzipp zu öffnen und in den vollgestopften Fächern nach dem »Feh«-Päckchen zu suchen. Kurzentschlossen ziehe ich mein Chiffontuch (verzeih mir Ruth, dafür war dein nobles Geschenk sicher nicht vorgesehen) vom Hals und presse es vorsichtig von unten gegen sein Kinn. Das Teil lässt sich wesentlich leichter reinigen als sein schicker, cognacfarbener Kaschmirmantel.

»Schon verziehen«, murmelt der namenlose Mann, ohne seinen Mund groß zu bewegen. Er hat Schmerzen, unübersehbar. »Und nun verzeihe du mir, ich muss schleunigst in den Waschraum, um mich frischzumachen.«

Spielraum genug, mein Gepäck aufzusammeln, alles tipptopp zu arrangieren, meinen Mantel glattzustreifen, meine Frisur zu ordnen (die passt ausnahmsweise zu meinem Gemütszustand – komplett durcheinander) und mir Gedanken über sein Erscheinen zu machen.

Es dauert eine Weile, bis mein Sparringspartner mit einem Pflaster im Bereich der Unterlippe und einem Papiertuch in der Hand zurückkommt.

»Eigentlich wollte ich dich überraschen! Es gibt einen einzigen Direktflug aus Darmstadt und ich dachte, das riskiere ich. Manches erklärt sich face to face unbefangener. Mit einem derart herzhaften Empfang habe ich allerdings nicht gerechnet.«

»Ich kann mich nur nochmals entschuldigen. Du hast mir einfach einen Riesenschreck eingejagt. Es war wie so ein böses Déjà-vu-Erlebnis, weil ich plötzlich jemand hinter mir spürte. Und daraufhin, zack, meine intuitive Reaktion auf die vermeintliche Bedrohung.«

»Schlimme Erfahrungen?«, will mein Angreifer teilnahmsvoll wissen.

»Nur eine, aber die reicht für dieses Leben. Niedergeschlagen, bedroht und mein Bargeld erpresst. Es hat Monate gedauert, bis ich mich in der Dämmerung wieder allein aus dem Haus getraut habe.«

Er starrt mich mit leisem Entsetzen an, nickt dann verstehend (seufz – Riesenerleichterung). In seinen Augen ist Mitgefühl und aufkeimender Schalk zu erkennen.

»Nun, du scheinst zumindest nicht völlig wehrlos zu sein«, lächelt er mich etwas schief an. Die Lippe beginnt (trotz Pflaster) erneut zu bluten. »Genau genommen wollte ich mit dir einen Happen essen gehen. Allerdings ist es vermutlich besser, wenn ich mich in diesem Zustand nicht mehr unter Menschen mische. Ich spüre förmlich, wie mein Unterkiefer anschwillt. Nebenbei könnte sich die Nahrungsaufnahme problematisch gestalten.«

Schaaade. Das hätte ein netter, was heißt netter, ein wunderbarer Tagesabschluss werden können.

»Passt schon«, überspiele ich meine Enttäuschung. »Ich bin soundso ziemlich geschafft.«

Das, Leute, war gelogen, obwohl ich Lügen hasse. Vielleicht war es auch nur Selbstschutz. Immerhin rettete ich mit dieser Floskel mein letztes bisschen Würde.

»Außerdem muss ich noch ein Kurzprotokoll erstellen und will morgen fit im Dienst sein.«

Das wenigstens entsprach der Wahrheit, der Wahrheit und nichts als der Wahrheit.

Unwillkürlich schlägt die Medizinerin in mir durch: »Leg dir ein Coolpad auf. Und erhol dich gut.«

»Mach ich«, lässt er mich wissen.

Im Weggehen winkt er mir mit meinem blutgetränkten Halstuch zu und ruft: »Wir sehen uns. Ich habe ja ein Pfand von dir. Vorher muss ich jedoch dringend ein paar ›Krav Maga‹-Einheiten absolvieren.«

Krav Maga ist – wie ich abends herausfand – die effektivste Art der Selbstverteidigung, die beispielsweise von isrealischen Geheimdienstlern praktiziert wird. *Eine* unwillkürliche, heftigere Bewegung und schon hat man den Ruf einer Killerbraut. Unglaublich! Nicht minder spannend wäre, den Begriff »Desaster« zu googeln. Ich wette, da sind 729 Einträge (alle zu meiner Person) plus Porträtfoto und ein Katalog mit Vorsichtsmaßnahmen im Umgang mit mir zu finden.

»Man sieht sich!«

»Da werde ich zum Ausgleich deine handgetöpferte Erdnussschale (die ist durch einen gezielten Klatsch auf einen der nicht gebrannten ›besten Stücke‹ aus dem Töpferkurs entstanden) als Vogeltränke auf meinen Balkon stellen!«

Ruths gespielte Entrüstung über die gebeichtete Zweckentfremdung ihres Geburtstagsschals erheitert mich.

Wir sitzen in einem japanischen Restaurant, und es fällt mir aufgrund meiner Abneigung gegen Fisch im Allgemeinen (brrr) und kalten Fisch (wäh) im Besonderen relativ leicht, aufs Mittagessen zu verzichten. Ein Glas stilles Mineral und ein Kännchen Grüntee schmecken genauso wenig, aber irgendetwas musste ich bestellen, damit der beflissene Kellner uns in Ruhe plaudern lässt.

Meine beste Freundin befragt mich zu meinen Erfolgserlebnissen im neuen Job und will – ganz nebenbei – wiederholt für die Vermittlung bedankt werden. Und mich über Oliver Öttinger aushorchen. Den habe ich allerdings nur zwei Mal kurz zu sehen (er humpelt noch minimal) und gar nicht zu sprechen bekommen. Dafür kann ich Ruth ausführlich mein neuerliches Zusammentreffen mit dem Grübchenmann schildern und ihr seine letzten beiden Handynachrichten zeigen: Text 1: »Wie geht's? Ich denke oft an dich, speziell, wenn ich mich im Spiegel betrachte. Schönen Tag, meine süße

Nahkämpferin!« und Text 2: »Wenn du dich mit einem leicht ramponierten Tischherrn in die Öffentlichkeit traust, reserviere ich uns übermorgen einen Tisch im ›Joy & Glory‹. 18:00 Uhr? Wir können uns ja in eine dunkle Ecke setzen … :-*«.

»Und du hast weiterhin keinen blassen Dunst, wie er heißt?«, erkundigt sich Ruth amüsiert. »Wie nennst du dann deine männliche Aufblaspuppe?«

»Mister Big, wenn du es unbedingt wissen willst«, scherze ich und denke dabei an meinen handlichen Pinguin, der sicher schon Entzugserscheinungen hat.

Übergangslos spiele ich meinen Trumpf aus: »Immerhin habe ich Mister Namenlos auf seine Initiative hin wiedergetroffen.«

»Aufs Kinn und die Unterlippe, wenn ich dich recht verstanden habe!?«

Ruth ist heute besonders gut drauf, wie mir scheint.

»Das ist zumindest ein erster Schritt!«, verteidige ich mich und meine ungestüme Reaktion.

»Ein erster Schritt Richtung einstweilige Verfügung. Du wirst dir noch ein Annäherungsverbot einhandeln, wenn du so weitermachst. Und nun möchtest du dich also trotz eurer – ich nenne es jetzt mal ›interessanten‹ – Vorgeschichte mit ihm verabreden?«

»Einen Versuch wäre es doch wert?«, heische ich nach Zustimmung.

Ruth mustert mich mit einem Blick, mit dem man ein Auto mit vier zerstochenen Reifen betrachtet. Nach dem Motto »Dir ist echt nicht zu helfen«.

»Du meinst das tatsächlich ernst? … (Vorsicht Fangfrage, besser nicht antworten) … Das ist ein durch und durch bescheuerter Plan.«

Meine Liebe, früher, da warst du eine wirklich tolle Freundin.

Ruth ist sichtlich Spezialisten im Gedankenlesen, da sie – weniger aus Übereinstimmung, denn aus Sorge um ihre entspannte Mittagspause – einlenkt: »Wenn du dermaßen überzeugt von der Sinnhaftigkeit deines Wunschs bist, triff dich halt mit dem Typ.«

»Du willst mich nur ruhigstellen. Deine ehrliche Meinung sieht anders aus.«

Ich kenne nämlich meine Freundin aus Kindertagen. Wenn ihr Denken nicht mit ihren Worten übereinstimmt, taucht immer so ein mitleidiger Zug um ihre Mundwinkel auf, und sie beginnt nahezu unmerklich zu nicken. Höchstwahrscheinlich kann sie auf diese Weise ihrer eigenen Heuchelei bedenkenloser Glauben schenken.

»Du scheinst ja selbst nicht voll hinter deiner Absicht zu stehen. Sonst müsstest du mich nicht fragen, was ich davon halte.«

Bedingungslose Unterstützung wäre mir lieber gewesen anstelle nüchterner Analyse meiner Unsicherheiten.

»Was habe ich schon zu verlieren?«, reagiere ich eingeschnappt.

»Deine Würde, Selbstachtung, Respekt. Brauchst du noch mehr Argumente?«

Nein, brauche ich nicht. Ich will nicht hören, was nicht geht. Oder, was Schlimmes passieren könnte. Es kommt soundso meist unangenehmer als befürchtet. Ruth, du kannst mich mal mit deiner Schwarzmalerei. Besser, ich höre auf meinen Instinkt. Und auf meine Eitelkeit. Denn die dirigiert mich nach einer eher frostigen Verabschiedung in einen exquisiten Dessousladen. Man weiß ja nie! Nebstdem fühle ich mich in einer neuen Spitzengarnitur gleich stimulierter und selbstbewusster als im nachhaltig hergestellten Bio-Baumwollslip und schlichten, hautfarbenen Fairtrade-Recycling-BH. Gegen erotische Energie hat der ökologische Fußabdruck klarerweise das Nachsehen. Pech gehabt, mein Lieber. Etwas bange wird mir schon in der Umkleidekabine, meinen »Luxuskörper« in den sexy Teilen betrachtend. Wird mich einer, der mich in diesem Aufzug sieht, gern nackt sehen wollen? Kontinuierlich? Ich kann ihm doch nicht jedes Mal zwei Veilchen verpassen, um seinen (hoffentlich) neugierigen Blicken den bekannten Hamilton-Weichzeichner-Effekt zu verleihen. Die nächsten beiden Tage wird jedenfalls eisern Diät gehalten und Oberarm-, Bein- und Bauchmuskelgymnastik betrieben, soviel steht fest.

Ich bin fünfzehn Minuten früher am vereinbarten Treffpunkt. Sicherheitshalber. Um nicht abgehetzt, zerrauft oder (trotz der niederen Außentemperatur im ausklingenden Februar) mit Schweißrändern unter den Achseln anzukommen. Da stehe ich, aber wie »bestellt und nicht abgeholt« möchte ich nicht wirken. Deshalb spaziere ich noch ein wenig in der Umgebung umher. Zwei Gassen weiter sehe ich »mein Date« auf der gegenüberliegenden Straßenseite an einem Auto lehnen. Unbeschwert will ich ihm zuwinken, allerdings – verdammter Mist – wie macht man jemand auf sich aufmerksam, dessen Namen einem bereits in den ersten Minuten des Kennenlernens entfallen ist? Das kommt nicht so gut »Hallo Schönling« oder »Hey Grübchenmann« oder »Du da, der du meine Vagina zum Hyperventilieren bringst« quer über die Straße zu rufen.

Ist definitiv besser, den Mund zu halten, denn in diesem Moment stürmt eine blonde Traumfrau in Traummaßen auf ihn zu, fällt in seine ausgebreiteten Arme, macht sich kurz los und redet heftig auf ihn ein.

Gröbere Schmerzen scheint er nicht mehr zu haben, und abstoßend durch meinen Kinnhaken dürfte er auch nicht wirken, so wie sie ihn ansieht. Er gestikuliert ebenso aufgeregt, küsst die Schönheit zärtlich-beruhigend auf die Stirn, hält ihr die Wagentür auf, steigt zu ihr ein und braust davon.

Ich hingegen bin wie eingefroren. Kann bitte irgendwer die mich steuernde Computer-Maus bewegen,-damit ich mich wieder rühren kann? Danke!

Ein kleiner, eifersüchtiger Blitz jagt durch meinen Körper. Was, bitte schön, war das jetzt eben? Und, wer zum Sportlenkrad, ist die aparte Schlampe, die sich von ihm in der Öffentlichkeit ein Küsschen abholt?

Seine Verflossene, die er eilends außer Landes bringt, bevor sie in unser Tête-à-Tête platzt?

Seine Lebensgefährtin, der er versichert, das Essen mit dieser »mühsamen, chaotischen Amazone mit Tourette-Syndrom (Fuck you!)« habe nichts zu bedeuten. Viel lieber würde er es mit ihr auf der Rückbank seines Porsche Cayman treiben?

Eine Berufskollegin, die er sich für alle Fälle warmhält und ebenfalls mit :-* bedenkt?

Seine Schwester, für die er den Schutzengel (seine Lieblingsrolle) spielt und sie vor einem dunklen Verfolger rettet?

In meine wilden Fantasiegedanken platzt der Signalton einer Handynachricht: »Wird heute leider nichts :(Eine unvorhersehbare Angelegenheit ist dazwischengekommen. Muss den Tisch abbestellen. Melde mich wieder. Sorry! B.«

Wenigstens kenne ich jetzt den Anfangsbuchstaben seines Namens. »B« wird ja wohl weder die Abkürzung für »Bussi« noch für »Blöd gelaufen!« sein?

Ich bin extrem frustriert. Das spiegelt sich in meiner Antwort wider: »Alles klar. Ich hab' ›die Angelegenheit‹ gesehen.«

Zwei Stunden hatte ich ehrlich gehofft, er könnte meine Vorbereitungen wert sein, sogar die anstrengenden Minuten, die es gedauert hat, mich in dieses sensationelle »Das zaubert Ihnen glatt zwei Konfektionsgrößen weg«-Elasthanteil zu zwängen (*über* die neuen Dessous). Keine Ahnung, wie ich dieses Wunderding, wenn's denn so weit wäre, rasch und unauffällig loswerden sollte.

Was denken sich Männer eigentlich? Dass frau einfach zu einem gemeinsamen Essen geht? Da laufen ja ungeahnte Maßnahmen im Vorfeld ab: einen neuen Duft kaufen, Zähne bleechen, in Molke baden (wegen der glatten Haut wär's), Augenbrauen fassonieren, Ganzkörperpeeling, das dunkelblaue Kleid bügeln, Haare waschen und passend stylen (was bei mir eine Megaaufgabe ist), eine beruhigende Augenmaske auflegen, das dunkelblaue Kleid aufs Bett werfen und eine freche Hemdblusen-Hosen-Kombi raussuchen, eine Gesichtsmaske auftragen, Zehennägel lackieren und Bikinizone rasieren (für den Fall der Fälle), die Blusen-Hosen-Kombi auf das dunkelblaue Kleid schmeißen und ein straff sitzendes Kostümchen mit passendem Shirt anprobieren, die farblich abgestimmte Handtasche einräumen, passende Schuhe herrichten, Lidstrich ziehen, Lidstrich wegwischen, das Kostüm auf den »Das geht gar nicht«-Kleiderberg feuern. Zuletzt das zuunterst liegende, verdrückte, dunkelblaue Kleid herausfischen, erneut aufbügeln, Lidstrich korrigieren, Utensilien in eine blaue Handtasche umpacken, marine Pumps putzen, den abgebrochenen Zeigefingernagel feilen und einen Schreikrampf kriegen. Das alles und noch mehr für »Wird heute leider nichts :(«? MÄNNER, IHR HABT SIE DOCH NICHT ALLE!

Meine naive Frage »Was habe ich schon zu verlieren?« fällt mir ein. Meinen Glauben an Ehrlichkeit und echtem Interesse an mir kann ich zu Ruths Aufzählung gleich hinzufügen. Andererseits: Wie groß ist die Chance an einen Mann zu gelangen, der es nicht parallel mit mehreren treibt (und auf andere anziehend wirkt)? Die Wahrscheinlichkeit tendiert Richtung Null. Und wird vom »starken« Geschlecht gern mit der »Natur« gerechtfertigt. Was, bitte schön, ist stark, wenn einen die Natur beherrscht? Manche Fremdgeher suchen die Begründung ihrer Promiskuität gar im Überirdischen. Nicht wenige Männer, die den lieben, langen Tag keinen Gedanken an Gott oder Gottheiten verschwenden, ziehen diese plötzlich als Ursache ihrer ungezügelten Triebe heran.

»Das hat der Allmächtige so gewollt!«

So, so, weil ein anderer was will, fügen sich unverzüglich die größten Widerspruchsgeister und Nonkonformisten? Billige Ausrede, dein zweiter Name ist Selbstgefälligkeit!

Natalie, bei der ich mich auf die Schnelle einladen möchte, um meinen Frust abzuladen, ist mit ihrer Perserkatze bei einem Katzenschönheitsbewerb. Oder feuert ihren Sohn bei einem Hallenfußballturnier an. Oder nimmt zur Stunde Auszeit in einem Shaolinkloster. Ich habe ihrem Mann nicht so genau zugehört, aus welchem Grund sie heute Abend kein Ohr für mich hat, die untreue Seele. Wen könnte ich sonst mit meinem akuten Liebeskummer behelligen? Ruth will ich ebenso wenig anrufen wie meine Mutter. Die würden mir beide nur Vorträge über meinen Lebenswandel (Mum) oder meine Männerutopien (Ruth) halten.

Muss ich im Ernst voll geschminkt, in schwarzer Spitzenunterwäsche, intimrasiert und lackiert auf dem Sofa sitzen, Chips futtern, Wein (viel zu viel Wein) süffeln und mir drei Folgen von »Teenager werden Mütter« oder »Die ekelerregendsten Tropenkrankheiten« reinziehen?

Wie habe ich das verdient? Das kann doch nicht die Revanche für einen lächerlichen, unbeabsichtigten Ellbogenausrutscher in einer Paniksituation sein? Was ist denn das für ein kleinliches Karma?

Der »Empty Bed«-Ratgeber gibt für solche Konstellationen rein gar nichts her. 300 Seiten! Wofür? Alles heiße Luft. In den meisten Fällen schreibt das Leben selbst die Antworten. Und das Leben, das wissen wir, ist nicht gerecht! Siehe: Ein klitzekleiner Stoß aus Angst heraus wird mit einer Versetzung beim ersten geplanten Date bestraft – habe ich das schon mal entrüstet erwähnt?

Wäre das Leben gerecht, hätte beispielsweise Heike einen Rucksack voller Probleme und litte an Kontaktarmut der Sonderklasse.

Heike habe ich bei einem unserer spärlichen Urlaube während meiner Ehe kennengelernt. Paul war natürlich auch zu bequem, um zu verreisen. Dazu müsste man sich ja informieren, ins Reisebüro gehen, Routen planen, Koffer packen und so fort.

»Urlaub macht man von etwas, was man nicht gern tut!«, lautete sein Werbeslogan zu diesem Thema.

Dabei gibt es fürs Verreisen, Ausspannen, Welt entdecken haufenweise andere Motive. Empathisch, wie ich bin, konnte ich seine Ansicht nachvollziehen – für ihn machte es schließlich keinen Unterschied, ob er sein Frühstück von einer Zimmervermieterin, Hotelangestellten oder seiner treusorgenden Ehefrau vorgesetzt bekam. *Ich* hingegen wollte mich ab und zu verwöhnen lassen und setzte immerhin – nach massiver Überzeugungsarbeit und weil ich ihm die damit verbundenen Zusatzarbeiten sowie alle Spesen abnahm – ein paar Tage Ortswechsel durch.

So landeten wir in »Heikes Gästehaus« in der Nähe eines Badesees mit massenhaft Gegend ringsumher. Heike erwies sich als Musterexemplar gelebter Emanzipation. Sie kann *weder* kochen oder Betten überziehen *noch* Reifen wechseln oder Glühbirnen austauschen. Obwohl sie diese kleine Pension führt.

Reklamationen und Beanstandungen prallten an ihr ab wie ein Flummi von einem Trampolin. Ein wahrhaft beneidenswertes Selbstbewusstsein. Ihre ungenießbaren Schnitzel klebten die Gäste direkt ins Beschwerdebuch. Paul, der damals gerade einen Auftrag von einer Versicherungsgesellschaft in Arbeit hatte, hielt resümierend fest: »In der Küche passieren erfahrungsgemäß die meisten Haushaltsunfälle. Aber warum kriegen wir die alle serviert?«

Heike argumentierte, er solle froh sein, seine Kalorienzufuhr nicht wie in Urzeiten selbst jagen zu müssen. Mit Sicherheit hätte so ein Stadtaffe gar keine Ahnung, wo Pizzen und Burger in freier Wildbahn anzutreffen und mit einem gezielten Schuss zu erlegen wären.

Ich konnte sogar beobachten, dass Heike bei einer gemeinsamen Schifffahrt einfach auf die Behindertentoilette ging. Sie erklärte mir, Inklusion dürfe keine Einbahnstraße sein, das würde sie ausgrenzen. So eine ist das! Und hat trotzdem einen Mann abgekriegt – verstehe das, wer will. Ok, eines muss ich ihr lassen, sie bewundert ihn grenzenlos und gibt auch entsprechendes Feedback. Gleich an unserem ersten Urlaubstag hörte ich vom Balkon aus, wie sie anerkennend ausrief: »Schatz, ich weiß nicht, wie ihr Männer das schafft, euch regelmäßig einen runterzuholen. Mir fällt schon nach zwei Minuten Haarfarbe schütteln der Arm ab. Beutelst du heute alle Bettvorleger aus?«

Was immer die vielzitierte »Gerechtigkeit im Leben« treibt, um mich macht sie eindeutig einen großen Bogen. Mag sein, dass man »Karma« schreibt, ausgesprochen wird es zweifellos »Haha!«.

»Ihre Papiere, bitte!«

»Hallo Bruderherz! Schön, dass ich dich sofort erreiche. Sag, spielt in deiner Mannschaft nach wie vor dieser Polizist? Ich bräuchte da nämlich eine Recherche zu einem Kennzeichen.«

»Schwesterchen, dir auch einen guten Morgen. Fein, dass du dich nicht mit Nebensächlichkeiten wie ›Alles in Ordnung bei dir?‹ oder ›Was gibt es denn Neues?‹ aufhältst. Ja, Marco ist weiterhin im Team. Aber wofür brauchst du eine Halterabfrage? Dir ist hoffentlich niemand ins Auto gekracht und hat Fahrerflucht begangen? Oder wurdest du Zeugin eines Parkschadens? Dann musst du unbedingt eine Anzeige machen!«

»Keine Sorge. Es ist … ähm … mehr so … so eine persönliche Sache … eher … hmm … privat.«

»Ach, du Schande. Es wird sich doch nicht um diesen ›Es ist nur eine flüchtige Bekanntschaft‹-Feschak handeln?«

Max konnte man noch nie etwas vormachen.

»Du findest also auch, dass er fesch ist?«, versuche ich ein Ablenkungsmanöver.

»Ich werde mich hüten, das laut zu sagen. Ich bin ledig, hetero und habe einen Ruf zu verlieren. Übrigens ist Marco nicht bloß Polizist, sondern seit kurzem Gruppenkommandant.«

»Umso besser! Fragst du deinen Kumpel? Biiitte!«

»Dir konnte ich von klein auf keinen Wunsch abschlagen, Lästerschwester. Gib mir mal das Kennzeichen durch. Ich notiere … Mach dir bloß keine allzu großen Hoffnungen. Das ist heutzutage alles nicht so easy. Du weißt: Datenschutz, Amtsmissbrauch …«

»Es geht mir nur um den Namen. Da erfährt keiner was. Er ist an meine Telefonnummer bestimmt auch durch eine rechtswidrige Auskunft einer Speeddating-Tante gelangt. Lass deinen Sportkollegen herzlich grüßen, ich spendiere ihm ein Bier nach eurem nächsten Training.«

»Vorsicht! Ganz schlecht. Jetzt kommt noch Bestechung hinzu. Du stehst praktisch mit einem Bein im Kittchen. Und wer muss dich dann besuchen und eine Feile mitbringen?«

Mein Bruder lacht fröhlich bei diesem Gedanken. Dass er das mir herausgerutschte Speeddating übergeht, rechne ich ihm hoch an.

»Wenn *ich* wegen *sowas* eingebuchtet werde, gehört der Feschak samt und sonders hinter Gitter. Diebstahl, grobe Sachbeschädigung, Körperverletzung …«

»Was ist los?«, schreit mein Bruder entsetzt auf.

»Keine Panik! Alles halb so wild, aber er raubt mir den Schlaf, hat mein Herz gebrochen, zerreißt meine Nerven.«

»Dir ist nicht mehr zu helfen. Ich melde mich. Mach's gut, du Verrückte.«

Zwei Stunden später löst Max sein Versprechen ein.

»Hallo Schwesterchen. Wie geht's, wie steht's?«

»Du Scheusal! Spann mich nicht unnötig auf die Folter. Sag schon, wie heißt er?«

»Pech gehabt. Der Wagen ist auf eine Frau zugelassen …«

Eine Frau? Prompt sehe ich die schicke, aufgeregte Blondine vor meinem geistigen Auge. Mein Herz rasselt Richtung Erdmittelpunkt wie ein Blecheimer an einer übermütigen Winde in einen Brunnenschacht. Tiefer und tiefer und tiefer. Ich muss mich gegen die Wand lehnen, um Halt zu finden.

»Uschiii? Bist du noch dran? Willst du nun den Namen wissen?«

»Ja«, hauche ich. »Ich kann's kaum erwarten.«

»Sie heißt Margarethe wie unsere verstorbene Großmutter. Lustig, nicht?«

Ja, lustig. Unheimlich lustig. Ein ungewohnter Name für ein weibliches Wesen in unserer Generation. Irgendwie edel. Unzweifelhaft von Dynastie zu Dynastie weitergegeben. Ich muss mich zwingen, meinem Bruder zuzuhören.

» … Margarethe Bruckmüller. Übrigens Jahrgang 1956 …«

Schwups ist mein Herz wieder auf das übliche Niveau hinaufgesaust.

»1956?«

»Ja! Was ist daran so ungewöhnlich (*das klang jetzt minimal ungeduldig*)? Wird wohl eine Steuersache sein. Firmenfinanzpolitik. Abschreibposten. Behaupte bloß, dir ist der Name kein Begriff? Bruckmüller sagt dir doch was, oder?«

Es beginnt zumindest zu dämmern. Mit Dynastie lag ich goldrichtig.

»DIE Bruckmüllers?«

»Ja, Eigentümer einer erfolgreichen Baumarktkette im Land. Mit Filialen in einigen größeren Einkaufszentren. Da hast du eindeutig einen lukrativen Fisch an Land gezogen. Hab' ich dir genug geholfen?«

Ja, hat er. Mehr kann er nicht tun für mich.

Ich rutsche mit dem Rücken an der Wand entlang, bis ich auf dem Boden sitze, als ließe sich die Information tiefergelegt besser verarbeiten.

So schnell wird aus einem Wissenschaftler mit Gastprofessur an einer nordamerikanischen Uni ein Millionenerbe. Gutaussehend, sportlich, klug (das wusste ich schon) UND vermögend. Eine ordentliche Nummer zu groß für Uschi, die Mittelmäßige.

Eigentlich wäre mein Sitzplatz – statt auf dem Parkett – seit geraumer Zeit im Büro, aber ich brauche vor meiner Fahrt dorthin einen Pflaumenwein und einen weisen Rat von Jungkook. Denn meine Gedanken rasen amoklaufend durchs Gehirn. Kein angemessener Zustand, um ins Auto zu steigen, Unterlagen aufzubereiten oder auch nur eingegangene E-Mails zu checken.

Meine asiatische Klagemauer zieht eine Braue hoch, als ich in sein Geschäft stürme, bedient seelenruhig die (dem Himmel sei Dank) einzige Kundin fertig. Nach schier unendlicher Wartezeit lässt sich Jungkook die unerwartete Faktenlage schildern, die etliche neue Fragen aufwirft.

Er belehrt mich: »Uschi, nicht grübeln, das schlecht für …«

»Ich weiß«, falle ich ihm ins Wort, was äußerst ungezogen ist. In seinem Kulturkreis sogar exorbitant ungezogen. »Ganz schlecht für mein Chi.«

»Nein«, grinst er. »Ganz schlecht für Aussehen, macht Falten auf Stirn. Hihi.«

Heilige Sojabohne! Schön, wenn man ernst genommen wird. Besonders schön, wenn man dankenswerterweise zwei Schälchen Pflaumenwein zur Beruhigung erhält. Auch kein idealer Zustand, um ins Auto zu steigen, aber um alles kann ich mich derzeit wirklich nicht kümmern.

Ich komme total erledigt nach Hause. Es ist weit nach 20:00 Uhr. Der Nachmittag im Büro war superanstrengend, wenn auch äußerst gelungen und überraschend kommunikativ.

Unmittelbar nach meiner Ankunft traf ich Oliver Öttinger im Lift. Er erkannte mich sofort und bedankte sich nochmals überschwänglich. Für meine gezielten Erste-Hilfe-Maßnahmen (diese Woche wird er sein Basketballtraining wieder aufnehmen können), für den Tipp mit »Haugg & Söhne« sowie meine Vorarbeit zur Übernahme der Firma in Medical Health International. Darüber hinaus steht eine Art Provision für die Kontaktanbahnung im Raum!

Wir verabredeten uns auf einen Snack in der Cafeteria um 16:00 Uhr. Bis dahin war ich voll eingespannt und trotzdem multifunktional unterwegs. Neben der Business-Ebene lief mein Gedankenkino zum Thema Bruckmüller-»Clan«. Sollte »mein« Grübchenmann in der Tat dazugehören?

Erneut versuche ich, seine Vorstellung in der Bar aus meinem Datenspeicher abzurufen. Gut möglich, dass ich mir damals dachte: »Gleicher Buchstabe beim Vor- und Nachnamen, das hat was.«

Ob das nun echte Erinnerung ist oder nachträgliche Interpretation, lässt sich nicht ausreichend klären.

Bei unserem Imbiss lobte mich Öttinger derart, dass mir fast schwindlig wurde. Er hätte ausschließlich Positives von der ansonsten so pingeligen (er verwendete garantiert diesen Ausdruck, diesmal bin ich mir sicher) Abteilungsleiterin Reinhild Baumann-Börwich über mich gehört. Dann amüsierten wir uns im Rückblick köstlich über mein Einstellungsgespräch, mit dem er bereits diverse Gesprächsrunden erheitert hat (nur zu, ich diene jederzeit gern als Unterhaltungsauflockerung). Danach kam er natürlich auf den wirklichen Grund unseres Austausches zu sprechen: Ruth. Ich denke, ich war eine rundum loyale Freundin, trug nicht zu dick auf und ermunterte Oliver (wir stießen mit Eistee auf ein »Du« an), sich weiterhin mit Ruth zu treffen. Sie hätte sich über ihn ähnlich lobend wie Baumann-Börwich über mich geäußert (Uschi, der war gut!).

Am liebsten würde ich, endlich zu Hause angekommen, in meinem Meer an Selbstzweifeln, einem Schaumbad und einer Flasche Merlot versinken, aber ich starte meinen Laptop, um mehr über die Bruckmüllers zu erfahren.

Hallo, hallo, hallo! Die Internetrecherche bringt reichen Ertrag. Jede Menge Berichte über Expansionen und Auszeichnungen (bewundernswert), angenehmes Betriebsklima und Qualitätszertifikate (löblich) und Eintragungen zur Firmengeschichte (beeindruckend). Jedoch kaum etwas Familiäres, Privates. Margarethe und Kommerzialrat Ferdinand Bruckmüller, die in vierter Generation das von Urgroßvater Ferdinand Bruckmüller in den 20er-Jahren des 20. Jahrhunderts gegründete Eisenwarengeschäft sukzessive zu einer kleinen, aber feinen Baumarktkette ausbauten. Ein Zeitungsbericht über die Neueröffnung der siebenten Zweigstelle vor zwei Jahren mit Foto. Und da lächelt er mir tatsächlich entgegen, mein Grübchenmann. Untertitel: Ehepaar Bruckmüller mit der nächsten Generation. Ich überfliege den Text: Eröffnung der neuen Filiale im Einkaufspark Nord … bla bla bla … reiche Auswahl an Werkzeugen, Gartenmöbel, Baustoffen … bla bla bla … Eröffnungsangebote bis zum … bla bla bla. Während Tochter Bernadette seit ihrem Masterabschluss im Familienunternehmen mitarbeitet … (aha jetzt folgt sein Name) … zieht es … den Filius (WIE BITTE?), Professor für Wirtschaftsingenieurwesen, vorerst nach Amerika.

Filius, pah. Warum will mir denn niemand seinen Namen verraten? Ich sitze und grüble. Wieder einmal. Vielleicht heißt er ja Bernhard. Bernhard und Bernadette würde nett zusammenpassen. Identer Wortstamm? Das wäre dann doch irgendwie einfallslos.

Zugleich löst sich meine leise Hoffnung, bei Bernadette handle es sich um die durchgestylte Schnepfe von gestern, in Luft auf. Selbst mit grenzenloser Fantasie, einem Master in Photoshop und ausgeprägtem grünen Star ließe sich die abgebildete Tochter nicht mit der Unbekannten am Porsche verwechseln. Eher könnte man einen Grottenolm auf der Schulter einer Hexe als Kater durchgehen lassen. Bernadette hat dasselbe dunkelbraune Haar wie ihr Bruder, sieht ganz und gar nicht wie eine Tussi, sondern ausgesprochen liebenswürdig, unkompliziert und freundlich aus. Mit ihr würde ich mich sicher famos verstehen. Aber vermutlich tut das das schicke Blondchen auch. Und die passt von ihrem

Flair und Auftreten deutlich besser in diese Kreise als eine Mittelmäßige, die sich zu später Stunde allein in Bars, sonntags auf zutrittsverbotenen Rasenstücken und Unfallambulanzen sowie in Begleitung ihrer »Sittenwächter« unter Restauranttischen herumtreibt.

Weshalb ist es (verflucht nochmal) dermaßen schwer, einen netten Mann zu finden? Ich bin bestimmt nicht übertrieben wählerisch. Halbwegs gepflegt, ungebunden und hetero sollte er sein, in zusammenhängenden Sätzen sprechen können, keine gröberen Vorstrafen auf dem Kerbholz, über 1 Meter 65 Körpergröße und mich ein bisschen lieb haben. Zumindest so lieb, dass er mich beim ersten Date nicht wegen einer anderen versetzt. Ist das zu viel verlangt?

»Lass dich überraschen!«

Kennen Sie dieses Phänomen? Ist man schwanger, wimmelt es nur so von Frauen mit Babybauch (hat mir Natalie berichtet), kreiert man einen »nie dagewesenen« Businesslook, begegnen einem plötzlich dutzende, ähnlich gestylte Karrierefrauen (Erfahrung von Ruth).

Das ist womöglich irgendein weitschichtig verwandtes, mutiertes Prinzip vom Matthäus-Effekt.

Mir ging es so mit dem Namen »Bruckmüller«. Jahrzehntelang hatte ich ihn lediglich beiläufig wahrgenommen, neuerdings stolperte ich ständig über ihn. Meine gezielte Internetsuche natürlich ausgeklammert.

Gleich am Tag nach dem geplatzten Date entdeckte ich eine bestürzende Zeitungsnotiz: Ferdinand Bruckmüller sei an einer Kletterwand in Folge eines Schwächeanfalls abgestürzt und mit einem Trümmerbruch des Oberarmkopfes und einer Beinfraktur in eine Privatklinik eingeliefert worden.

Natürlich will ich B. B. ein paar Worte des Mitgefühls zukommen lassen. Und so nebenbei vielleicht eine Erklärung für meine »Versetzung« erhalten. Allein, mein Anruf wird mit einem »Diese Rufnummer ist nicht vergeben« abgeschmettert.

Wie jetzt? Was bleibt mir von meinem Traummann übrig, wenn nach dem Vornamen auch die einzige Kontaktschiene flöten geht?

Aus dem Packen Werbeprospekte, die meinen übervollen Briefkasten verstopften und nun meinen

Esstisch zieren, flattert ein Flyer mit dem typischen, orange-schwarzen Bruckmüller-Baumarkt-Logo. Er weist auf eine Jubiläumsveranstaltung in der Hauptfiliale und einige Sonderangebote hin.

Eigentlich wollte ich mir die längste Zeit einen größeren Pflanzenkübel besorgen, um meine Yucca Palme umzutopfen, bevor mir die Staude ein zweites Mal umkippt. Und eine bessere Taschenlampe brauche ich ebenfalls. Und einen elektrischen Schraubendreher, Einwegplastikhandschuhe, Grillanzünder sowie unbedingt eine Kunststoffwanne für Fußbäder. Seit längerem steht das alles auf einer mentalen Einkaufsliste. Mit dem Wunsch nach einem Wiedersehen mit dem »Filius« hat das gewiss nichts zu tun. Nachdem er nicht im Unternehmen mitarbeitet, wird er höchstwahrscheinlich bei der 100-Jahr-Feier gar nicht anwesend, sondern zur Abwechslung in North Dakota sein.

Wenn ich ganz ehrlich bin (aber wer ist das schon?) will ich eine Auflösung meines Rätsel-Wirr-Warrs zum geplatzten Abendessen. So geht man doch mit Menschen im Allgemeinen und mit mir im Speziellen nicht um? Ob ich nochmals anrufen soll? Unter Umständen war das vorhin ein Knopf in der Leitung? Kann ja bei den tausenden und abertausenden gleichzeitigen Funkverbindungen und überlasteten Glasfaserkabelleitungen durchaus einmal passieren, dass die Verbindung nicht funktioniert und ich eine seltsame, automatisierte Rückmeldung zu hören bekomme.

Ich greife zum Handy. In diesem Moment läutet es an meiner Wohnungstür. Gedankenübertragung? Er wird doch nicht …? Mein Herz klopft zum Zerspringen. Energisch reiße ich die Tür auf.

»Wie schön …!«

»Mit so einem herzlichen Empfang hätten wir gar nicht gerechnet! Hallo, Schatz!«

»Mami? … Daddy? Was habt ihr denn hier zu suchen?«

Meine Eltern! Noch dazu im Doppelpack!?

»Das klingt schon eher nach unserer Tochter!«

Mutters Ton hört sich ähnlich ernüchtert an wie der meine in der nachgestellten Frage. Das ist aber wirklich eine Überraschung. Ich kann mich nicht erinnern, wann die beiden zuletzt unangekündigt bei mir aufgetaucht wären.

Mutter wirft mir einen prüfenden Blick zu und schiebt sich ins Vorzimmer.

»Hol mal das Gepäck«, befiehlt sie und Paps macht sich mit einem »Wie du meinst, Liebes! Allerdings nicht ohne ein Begrüßungsküsschen von meiner Prinzessin.« auf den Weg stiegenabwärts.

Gepäck? Hat einer der beiden vor, bei mir einzuziehen? Oder beide? Gott bewahre!

Natürlich bekommt auch Mum neben einem spannungsgeladenen Blick eine ordentliche Umarmung, einen Kleiderhaken für ihren Übergangsmantel und ein Paar Gästepantoffel. Dann ist der väterliche Lastenträger im Anmarsch und lädt einen prall gefüllten Picknickkorb, eine Tonschale voll frühlingsbunter Frühblüher, eine Stofftasche mit einer flauschigen Decke und ein Papiersäckchen mit Apothekenlogo ab. Der Duft der Hyazinthen steigt mir intensiv in die Nase. Welchem Umstand habe ich die reichen Gaben und ihre Überbringer zu verdanken? Wie ich meine Mutter kenne, wird sie unverzüglich und ohne Umschweife auf den Punkt kommen. Ich kann mich nur rasch nach ihren Getränkewünschen erkundigen und kurz mit dem Füllen eines Wasserkrugs und der Bedienung des Kaffeeautomaten ablenken (»Wasser nachfüllen« – eine exaltierte Diva ist nichts dagegen), während Mum den Korb öffnet und Plastikdosen unterschiedlicher Größe in meinen Kühlschrank zu schlichten beginnt.

»Hühnersuppe, Putengeschnetzeltes, Kalbsragout, Gemüseeintopf, Himbeercreme, Nuss-Nougatschnitten, selbstgemachtes Apfelmus«, zählt sie auf.

Aus der Tragetasche mit dem Äskulapstab-Emblem holt sie einen Beruhigungstee, ein Entspannungsbad, Vitamin D Tropfen und die neueste Apothekenrundschau.

Was, verdammt, soll das? Bin ich an einen Rollstuhl gefesselt, beinamputiert, eingeschneit oder bettlägrig?

»Du musst deine Palmlilie schleunigst umtopfen«, höre ich meinen Vater aus dem Wohnzimmer rufen. Einmal Gärtner, immer Gärtner (weiß ich, Daddy, steht schon auf meiner To-do-Liste).

»Wir machen uns Sorgen«, eröffnet seine Ehefrau das Gespräch, als wir kurz darauf bei Kaffee und Wasser am Esstisch sitzen. »In letzter Zeit haben uns einige besorgniserregende Nachrichten rund um dich erreicht.«

Noch lichtet sich meine Fragezeichennebelwand keineswegs.

»Sorgen UND besorgniserregende Nachrichten? Doppelte Sorgen also?«, versuche ich einen matten Scherz.

»Deine Brüder erzählten von einem eigenartigen Anfall bei einem gemeinsamen Essen. Auf unserem Weihnachtsfest warst du auffällig schweigsam sowie appetitlos. Und vorgestern traf ich Frau Wukovits in der Bankfiliale …«

Mutter legt eine beredte Pause ein, Paps tätschelt zaghaft meine Hand.

»Sie ist wegen ihrer Knieschmerzen bei Doktor Gabriel in Behandlung …«

Ich weiß. Frau Wukovits oder »die übergewichtige, trainingsfaule, beidseitige Kniearthrose« wie wir sie nennen. Stets war ich überaus freundlich zu ihr, bestimmt auch, als ich beim letzten Mal ihre Gelenke eingecremt habe. Pippa hat ihr hoffentlich nicht verraten, dass ich sie mit Fritzis lethargischem Mops verglichen und nachgeahmt habe?

»Die Wukovits wollte von *mir* wissen, warum du nicht mehr in der Praxis arbeitest. Du kannst dir nicht vorstellen, wie perplex ich war. Ich brabbelte etwas von Datenschutz, aber sie hat mir natürlich kein Wort geglaubt.«

Inzwischen waren unweigerlich die wildesten Gerüchte im Umlauf. Danke, Frau Wukovits!

»Heraus mit der Sprache, was ist los? Was verheimlichst du uns? Hat man dir gekündigt? Hattest du Burnout? Bist du nach deiner Scheidung in eine Depression gestürzt? Wurdest du von deiner Schmalspurkollegin hinausgeekelt?«

»Oder von der alten Giftspritze am Empfang?«, mischt sich mein Vater ein.

Au weia! Habe ich glatt vergessen, meinen Eltern von meiner beruflichen Veränderung zu erzählen. Auch meinen Brüdern, fällt mir ein. Zuerst war ich noch unsicher, ob ich überhaupt genommen werde, danach im Einarbeitungsmodus ohne Zeitfenster für privaten Tratsch und schlussendlich so daran gewöhnt, dass ich diese Neuigkeit gar nicht mehr auf dem Radar hatte. Ich hole eine Flasche Sekt, um mit meinen Eltern auf meinen Aufstieg anzustoßen und sie zu beruhigen.

»Darf ich eure Mitbringsel trotzdem behalten?«, will ich wissen.

Und dann befrage ich meinen Vater nach *seinen* beruflichen Aus- und Absichten. Schließlich feierte er vor kurzem seinen 68. Geburtstag. Irgendwann muss selbst er ans Aufhören denken!?

»Nachdem keiner von euch dreien die Gärtnerei übernehmen wollte, werde ich wohl arbeiten, bis ich umfalle.«

»Das wird schneller passieren, als dir und mir lieb ist, wenn du nicht bald einen Gang zurückschaltest«, wirft Mutter ein. Interessanterweise klingt ihr Ton nicht so giftig wie üblich. Eher besorgt und melancholisch.

»Ich würde lieber deinen Ruhestand mit dir genießen, statt in Bälde deinen Beerdigungsanzug bereitzulegen. Würde die Gärtnerei gern nicht erst nach deinem Tod verkaufen, sondern es uns mit dem Erlös gutgehen lassen. Verreisen, leistbarer Luxus, vielleicht eine Haushaltshilfe …« In Mutters Stimme hat sich eine zusätzliche Emotion eingeschlichen – Sehnsucht. »Ich stecke in dieser Ehe wie in einem Wartezimmer fest. Warten, bis mein Göttergatte spätabends aus seinen Gewächshäusern heimfindet. Warten, bis die Kinder auf eigenen Beinen stehen. Warten, bis wir finanziell abgesichert sind. Meiner bescheidenen Meinung nach habe ich lang genug gewartet! Dazu meinen Lebenstraum aufgegeben, mich immer hinten angestellt.«

Ich kann sie nur zu gut verstehen. Nach der Schule absolvierte meine Mum eine Fachausbildung zur Bühnen- und Kostümbildnerin. Mit Auszeichnung, wie sie früher stolz und mit leuchtenden Augen erzählte. Ihr Talent übte sie freilich nie beruflich aus. Lediglich bei den Faschingskostümen ihrer Kinder und den Theatervorführungen von Reinhards Laientruppe durfte sie glänzen.

»Mami hat recht. Höchste Zeit, sie aus der Warteschleife zu holen und mit ihr Neues zu entdecken. Schaut mal, ich glaube, ich habe da ein passendes Angebot für euch.«

Aus dem Prospektstapel ziehe ich ein fröhliches Werbeblatt eines Reisebüros. Wusste ich es doch!

»Hier, hört zu: ›Gartenbau ist gelebte Tradition! Unsere Tour führt Sie quer durch Europa bis nach Asien. In zehn Ländern entdecken Sie bei herrlichen Spaziergängen in der Natur 25 beeindruckende Parkanlagen.‹ Das wäre etwas für euch beide! Mami kommt endlich raus aus den vier Wänden und dem Gartenzaun und du, Paps, könntest dir von der Reise Samen von exotischen Pflanzen mitnehmen und neue Zuchterfolge feiern. Daddy, hörst du überhaupt zu?«

Mein Vater hat sich nach zwei auf den Boden gesegelten Prospekten gebückt und behält den vom Bruckmüller-Baumarkt nachdenklich in seinen Händen.

»Jedes Mal, wenn ich bei denen Gartenwerkzeuge einkaufe, frage ich mich, wieso die keine Pflanzenabteilung haben. Ob die möglicherweise an einer Zusammenarbeit mit meiner Gärtnerei interessiert wären?«

»An einer Unternehmensübergabe«, korrigiert ihn seine Frau.

»An einer Übernahme der Gärtnerei mit Mitspracherecht«, kommt mein Vater ihr auf halbem Weg entgegen.

Warum nicht? Da könnte ich gegebenenfalls etwas in die Wege leiten. Wenn ich »Haugg & Söhne« erfolgreich bei Medical Health International untergebracht habe, sollte mir das bei Gärtnerei Zimmermann und Bruckmüller-Baumärkten gleichermaßen gelingen.

»Paps, ich kann da einen ersten Schritt in diese Richtung versuchen. Aber zuvor meldest du euch bei dieser Reise um die halbe Welt an. Versprochen?«

Ich bin zuversichtlich. Und habe nun einen weiteren Grund, die Jubiläumsveranstaltung zu besuchen. Eventuell ergibt sich ein Kontakt mit einem führenden Mitarbeiter. Oder mit Bernadette?

Das Leben ist schön. Am schönsten ist die strahlende Miene meiner Mutter. Und wie mein Vater ihre Fingerspitzen küsst. Mir wird ganz warm ums Herz.

»Wie du meinst, Liebes. Dann fahren wir zu den schönsten Gärten der Welt.«

»Das hört sich gut an. Jetzt fahren wir zunächst einmal zurück in den allerschönsten Garten des Universums und in unser Haus!«

Eltern. Sie werden so schnell erwachsen, überlege ich melancholisch. Mit Genuss mache ich mich über das Putengeschnetzelte und die Himbeercreme her. Für mein geplantes Vorhaben brauche ich schließlich ausreichend Energie.

»Kennen wir uns?«

»Diesmal bist du eindeutig zu weit gegangen, Max! Mich mit deinem Eishockeyschläger k.o. zu schlagen, also wirklich?«

»Patientin ist bei Bewusstsein und spricht in ganzen Sätzen.«

»Das ist mehr als man bei ihr nach Unfällen erwarten darf«, antwortet eine sanft-raue Stimme, die ein kleines Erdbeben in mir auslöst. »Allerdings bin ich nicht Max. Sie ist anscheinend noch ein wenig weggetreten.«

Dass er nicht Max ist, ist mir klar. Ist mir klar trotz brummendem Schädel und der elektrisierenden Stöße in meinem Unterleib, die einsetzten, sobald ich merkte, in welchem Schoß ich gebettet bin und wer meine Hand hält. Das alles ist mir klar, bevor ich meine Augen aufschlage.

Eine Sanitäterin in rot-weißer Berufskleidung leuchtet mir mit einer kleinen Lampe in meine Pupillen. Im Hintergrund spielt eine Liveband den Abba-Titel »Money, Money, Money«. Die Erste-Hilfe-Tante fragt eindringlich: »Erkennen Sie den Mann an Ihrer Seite? Falls ja, nennen Sie uns bitte den Namen.«

Ach, lasst mich doch in Ruhe. Und mich hier einfach so in seinen Armen liegen. Fort mit dir, du böse Möchtegern-Ärztin. Oder spar dir zumindest die dummen Fragen. Seinen Vornamen weiß ich schon die längste Zeit nicht. Dazu muss ich nicht erst mit meinem Kopf gegen eine Eisenstange knallen.

Warum kann sie mich nicht (wie allgemein üblich) damit quälen, wie viele Finger sie hochhält, welcher Wochentag heute ist oder wie die Quersumme von 724 lautet?

Glücklicherweise habe ich das Missgeschick ohne gröbere Nachwirkungen überstanden, denn der Vorname, der mir seit Wochen nicht einfallen will, bleibt weiterhin von meiner Festplatte gelöscht. Die Sanitäterin deutet mein Stirnrunzeln falsch und flötet beruhigend: »Eine kleine retrograde Amnesie ist durchaus normal nach einem derart heftigen Aufprall. Kein Grund zur Beunruhigung, das kommt alles in Kürze zurück. Sie wissen folglich noch nicht, wer die Person an ihrer Seite ist?«

Natürlich weiß ich es. Ich wusste es lange, bevor ich durch meine Wimpern spähte. Und ich erinnere mich an 100 Einzelheiten in Zusammenhang mit ihm. An seine warme Stimme mit dem leisen Lächeln darin, an sein Augenfunkeln, an das weiße Markenhemd, bei dem der zweite Knopf unter dem Kragen stylisch mit einem roten Faden angenäht ist (das trug er bei unserem Kennenlernen in der Bar), an seinen wehmütigen Gesichtsausdruck bei der »Verabschiedung« im Park, an jede seiner Sprachnachrichten. Seit kurzem weiß ich sogar, dass er zum Bruckmüller-Clan gehört und dass seine Schwester Bernadette heißt. Dass er meistens (außer bei seinen Joggingrunden) nach Hugo Boss' Bottled Eau de Toilette riecht (diese intensive Basis von Zedern- und Sandelholz in Kombination mit Vanille und seltenem Olivenaroma, absolut betörend) und die süßesten Grübchen von hier bis North Dakota besitzt. Das und manches mehr hat sich mir eingeprägt, bloß nicht sein verdammter Vorname. Also fahr einfach zur Hölle. Mein Kopf brummt auch so. Und wird durch das angestrengte Nachdenken, was ich denn sagen kann, ohne mein miserables Namensgedächtnis preisgeben zu müssen, nicht wirklich besser.

Vordringlich versuche ich zu rekonstruieren, wie ich in diese zwar wieder einmal peinliche, zugleich sehr erfreuliche Lage gekommen bin. Mit Max und seinem Hockeyschläger, wie ich in der anfänglichen Benommenheit vermutete, hat der Hergang natürlich nichts zu tun.

Spannungsgeladen und ausgerüstet mit meiner Einkaufsliste plus Vaters Firmenunterlagen (gratuliere Paps zu deinem soliden Unternehmen sowie den akribischen Aufstellungen) war ich in den Baumarkt zu dieser Jubiläumsgeschichte aufgebrochen.

Dort tummelte sich eine dichte Menge sonderangebotswütiger und gratissektbegieriger Baumarktfans mit und ohne Einkaufswagen. Auf dem freien, nach oben mehrgeschoßig offenen Platz zwischen den Rolltreppen war eine mittelgroße Tribüne mit Lautsprecherboxen, zwei Lesepulten, Mikrofonständern, Roll-ups, Blumentrögen (mit Plastikefeu – brrr) und Girlanden aufgebaut.

Obwohl der Festakt mit Ansprachen, Livemusik sowie anschließender Abgabe von Piccolo Sektfläschchen und Haselnuss-Schokoriegeln erst in zwanzig Minuten beginnen sollte, sicherten sich bereits zahlreiche Schaulustige die besten Plätze. Keine Chance und keine Lust auf legalem Weg in eine aussichtsreiche Position zu gelangen.

Zwei Securitydienstler in gelben Warnwesten und mit professionellen Funkgeräten ausgerüstet, achteten darauf, dass keine Unbefugten hinter das quergespannte Absperrband vor der Bühne schlüpfen konnten. Durch den ganzen Pulk würden sich die Redner und Musiker aller Voraussicht nach nicht bewegen!? Also gab es einen weiteren Zugang von hinten. Ich fuhr drei Mal mit der Rolltreppe auf und ab, bis ich diesen ausgekundschaftet und meinen Plan, ihn zu erreichen, entwickelt hatte. Eigentlich war bloß ein verfrühter Ausstieg von der nach oben strebenden Rolltreppe auf einen Mauervorsprung (hier war wohl ein ungenützter Steher nach dem Durchbruch der Geschoße verkleidet worden) nötig. Von dort eine Kletterübung (kinderleicht) auf eine etwas tiefer befindliche Plattform mit ausgestellten Scheibtruhen (dahinter ducken, um von unten nicht gesehen zu werden). Abschließend brauchte es von dem Plateau einzig einen mittelwagemutigen Sprung in die Tiefe, und schon landete man in dem schmalen Gang an der Bühnenrückseite mit den gegenüberliegenden Büros. Das alles musste zu einem Zeitpunkt erfolgen, in dem das Publikum, vor allem aber die Security-Männer, abgelenkt beziehungsweise beschäftigt waren.

Die Musiker nahmen ihre Plätze ein, die Bühnenscheinwerfer tauchten die Fläche um die beiden Mikrofonständer in gleißendes Licht. Ein Moderator des Regionalfernsehsenders betrat mit elastischen Schritten das Podium. Tusch! Begrüßungsworte. Applaus.

Noch nutzten einige, an der Show Desinteressierte, die Rolltreppe. Ich hatte keinen Stress, der Act würde bestimmt länger dauern. Der Moderator hielt etliche

Textkärtchen in der Hand und führte die Zuhörenden zunächst in die Vergangenheit, genau gesagt 100 Jahre zurück zur Firmengründung. Die Band spielte ein Medley von Musikstücken aus den 1920ern. Ein paar Takte Charleston, den Ausschnitt eines Louis Armstrong-Titels und den Beginn plus Refrain von »Veronika, der Lenz ist da« der Comedian Harmonists. Passend dazu zählte der Talkmaster danach die Frühlingsangebote aus der Gartenmöbel- und Werkzeugabteilung auf. Neuerlicher Tusch. Ein Sprung in die Gegenwart, Vorstellung der Familie Bruckmüller und … ta ta ta taaa … »Begrüßen Sie mit mir Inhaberin Margarethe, Tochter Bernadette und stellvertretend für den noch im Spital weilenden Kommerzialrat Ferdinand Bruckmüller seinen Sohn … oh …!«

Eine schwungvolle Armbewegung des Conférenciers Richtung Bühnenhintergrund – das Moderationskärtchen segelte aus seiner Hand Richtung Boden. Niemand machte Anstalten, es aufzuheben. Wieder kein Name! Dafür betraten die drei Genannten die Bühne.

Der Ansager überspielte seinen Fauxpas und repetierte »… seinen Sohn.«, diesmal mit fallender Stimmführung wie es sich am Ende eines Satzes gehört. Lautstarker Applaus. Auch die beiden Gelbwestler wandten sich der Bühne zu.

Ich sprang auf die Rolltreppe und stürmte hinauf. Nach zwei Drittel Wegstrecke hatte ich die ideale Position für meine erste Zwischenetappe erreicht. Puh, war der Mauervorsprung staubig, allerdings – wie recherchiert – groß genug für mich. Sehr klug (ich klopfte mir im Geist selbst auf die Schulter), die Aktenmappe unter meiner zugezippten Jacke verstaut, auf die obligate

Handtasche verzichtet und infolgedessen beide Hände freizuhaben. Die schwierigste Teilstrecke war somit geschafft. Eine kleine Kletterübung, ein mutiger Sprung auf den Boden. Geschafft!

Und wie so oft: Fast am Ziel seiner Wünsche lässt die Konzentration nach und man übersieht eine Kleinigkeit. In meinem Fall eine Quertraverse der Eisenverstrebungen im Dunkel hinter dem Podium, wenige Schritte vor dem Aufgang. Statt mich elegant neben dem kleinen Treppchen zu platzieren, über das Familie Bruckmüller nach ihrem Auftritt von der Bühne steigen musste, kollidierte ich mit dem Hindernis in Kopfhöhe. Das Letzte, woran ich mich erinnere, waren meine Schuhspitzen, die mir unversehens in die Augen blickten, ein Plumps auf den Allerwertesten und ein dröhnender Tusch, diesmal in meinem Schädel.

Während die Band »Our House In The Middle Of The Street« von Madness intoniert, füllt die Sanitäterin einen Fragebogen aus. Grübchenmann streichelt mir sanft übers Haar und drückt mir einen federleichten Kuss auf meine Beule.

»Was treibst du denn da?«, will er wissen. »Von deiner Selbstverstümmelung mal abgesehen.«

»Auf dich warten, weil mich dein Telefon nicht mehr durchstellt.«

»Und da krachst du natürlich sofort wieder in etwas hinein?«

Ich brauche ihn nicht anzusehen, um sein feines Lächeln wahrzunehmen.

»Provozier mich nicht, Herr Bruckmüller junior (Vornamensklippe elegant umschifft), sonst bin ich wieder gezwungen, meine Nahkampftechniken auszupacken.«

»Du bist ja eine echte Romantikerin!«

Der Grübchenmann mustert mich liebevoll, dann beginnt er zu grinsen und steigert sich zu einem breiten Lachen. Ich muss einstimmen, obwohl mein Kopf daraufhin sein Wummern verstärkt. Wenn er mich nur halb so anbetungswürdig findet wie ich ihn, muss es um ihn eigentlich geschehen sein.

»Sehen Sie«, schaltet sich die Rettungskraft in unser Geplänkel ein und wendet sich mir zu, »Ihr Gedächtnis ist zurück (*ich wünschte, das wäre es*)! Können Sie hier unterschreiben? Falls Ihnen übel wird, Sie erbrechen oder sich benommen fühlen, suchen Sie umgehend ein Krankenhaus auf. Das Kühlpad gehört schon Ihnen.«

Dann zieht sie ab.

»Ich werde sie sicherheitshalber ein Weilchen unter Beobachtung halten«, ruft ihr mein Beschützer nach und drückt mich vorsichtig an sich.

»Tut mir leid«, flüstere ich ihm zu. »Das war nicht geplant. Weder, deinen Festauftritt zu verhindern, noch, deinen tollen Anzug in den Staub zu ziehen.«

»Du darfst beides gern wieder gutmachen! Mir fällt dazu so einiges ein.«

»Hat das unter Umständen mit der Rückgabe meines Schals zu tun?«, frage ich ungeniert, und bin überzeugt, dass mir seine Antwort gefallen wird.

»Persönliche Abholung erforderlich«, schmunzelt er mit diesem gewissen Blick, dessentwegen Mütter ihre minderjährigen Töchter wegsperren (hauptsächlich, um sich selbst besser in Stellung bringen zu können).

Plötzlich bin ich froh, am Boden zu sitzen. Denn meine Knie werden weich. Das Ziehen in den südlichen Regionen verstärkt sich, überdeckt das Kopfbrummen. Mein Herz hämmert rasant, ausnahmsweise nicht aus Wut oder Panik. Insgesamt ein wunderbares Gefühl.

Es ist genau genommen nicht der passendste Ort, nicht die geeignetste Gelegenheit, nicht der würdigste Rahmen, um prickelnde Gedanken zu haben. Aber wer schafft es schon, diese abzustellen, wenn man endlich – etwas benommen zwar und zugleich wunderbar hilfsbedürftig – in den Armen seines Traumtyps liegt, dessen verführerisches Eau de Toilette riecht und in diesen erotisch-grünfunkelnden Augen versinkt?

»Klingt ja vielversprechend!«

Der Grübchenmann hält schon wieder meine Hand. Das ist eine nette Angewohnheit, wie ich finde. Kann er gern beibehalten.

Mittlerweile kenne ich – kaum zu glauben – sogar seinen vollen Namen: Benedikt Ferdinand Bruckmüller (oder in Situationen wie diesen einfach Benni).

Auch andere Rätsel haben sich geklärt. Aber schön langsam, eines nach dem anderen.

Das mit dem Namen habe ich seiner Schwester zu verdanken. Und meinem enormen Speicherplatz in der Großhirnrinde. Allerdings ist da derartig viel abgelagert, dass einzelne Informationen bedauerlicherweise längerfristig verschüttet bleiben.

Jedenfalls kamen kurz vor dem Ende dieser 100-Jahr-Feier die beiden »Bruckmüllerinnen« nahezu zeitgleich, jedoch mit durchaus unterschiedlichen Wortmeldungen hinter die Tribüne. Seine Mutter wollte wissen, ob der Junior zur Bekanntgabe der Sekt- und Schnittenausgabe ein letztes Mal auf die Bühne käme. Ein Blick auf mich in seinen Armen (mit der Kaltkompresse der Sanitäterin auf meiner Birne) beantwortete ihre Frage von selbst. Kurz darauf stürmte Bernadette, die in Wirklichkeit noch um Eckhäuser sympathischer als auf dem Foto ist, mit dem Ausruf »Ach du liebe Scheiße!« auf uns zu. Just in dem Moment, als mir meine Eroberung mit einem zärtlichen Schmunzeln versicherte: »Auf dich aufzupassen, wird ein Fulltimejob!«

»Wohl eher eine Lebensaufgabe, sooft wie der da in den vergangenen Wochen von dir gesprochen hat! Du bist doch Uschi?«, grinste seine Schwester und handelte sich einen liebevollen Stoß in die Rippen von ihrem Bruder ein, während sie sich fürs Händeschütteln zu mir beugte. Freundlich setzte sie hinzu: »Ich eröffne in Kürze mit Mutter das ›Buffet‹ und verabschiede mich in deinem und meinem Namen. Einverstanden, Benni?«

Danke Bernadette! Doppelten Dank! Für die süße Indiskretion rund um die Lebensaufgabe und die Kurzform des Vornamens. »Benni« ließ eigentlich nur zwei Möglichkeiten offen, aber bereits bevor ich sie mental aufmarschieren lassen konnte, machte es »klick« und die acht magischen Buchstaben ordneten sich flott und artig wie in der Glücksrad-Spielshow aneinander: BENEDIKT.

Benedikt also, so viel zum vermuteten Zweisilber. Dafür gleich zwei »e« im ersten Wortteil.

Am brennendsten interessierte mich natürlich die geheimnisvolle, blonde Schönheit, derentwegen er mich versetzt hatte. Die Auflösung dieses Rätsels klärte nebenbei, warum ich ihn danach nicht mehr am Handy erreichte. Kurz und bündig: Die Lady heißt Carina (wie auch sonst) und ist die Frau seines besten Freundes Udo, den ich beim Restaurantbesuch mit meinen Brüdern aus der Ferne kennengelernt hatte. Mit Udo war Ferdinand Bruckmüller im Kletterpark gewesen, als ihn der Kollaps mit einhergehender Sturzverletzung ereilte. Udo folgte dem Rettungswagen und informierte Carina. Die wiederum verständigte Benedikt, der sie an der Straßenecke abholte und mit ihr auf schnellstem Weg ins Spital fuhr.

Zu allem Überdruss kam Benedikt in der Klinik das Handy abhanden (ob gestohlen, aus dem Hosensack gerutscht oder im Trubel irgendwo liegengelassen, blieb ungeklärt), weshalb er sich nicht bei mir melden konnte. Alles kein Problem, denn Bruckmüller senior ist erfreulicherweise auf dem Weg der Besserung, der Junior hat ein nigelnagelneues Smartphone (und mir schon einige :-*, sogar :* geschickt), ich habe ein blondes Feindbild weniger. Toll, wenn sich mangelndes Selbstbewusstsein in Wohlgefallen auflöst wie eine Brausetablette im Wasserglas.

Zum Thema »Wie bist du damals an meine Handynummer gekommen?« hatte ich seit längerem eine ziemlich konkrete Ahnung.

»Mit Kombinationsgabe und Beharrlichkeit!«

»Geht es ein bisschen genauer?«, drängte ich nach.

»Nun, ich wusste, dass du direkt vor unserem ersten Zusammentreffen von einem Speeddating geflüchtet bist. Ich musste daher bloß recherchieren, wo in der Nähe ein solches stattgefunden hat. Dann kostete es mich etwas galante Überredungskunst, billige Komplimente und läppische zwanzig Euro, dem ›Charmebolzen‹ am Empfang, meinen Glückscode zu entlocken.«

Wir sitzen in »unserer« Bar, halten Händchen (es ist übrigens, abgesehen von ein paar klitzekleinen Umwegen, exakt so gelaufen, wie ich es wollte – das zu deiner Info, du süffisanter Blödmann hinter der Bar) und trinken Bier. Eines nach dem anderen, wie es sich für eine anständige Dame gehört. Die sieht auch großzügig darüber hinweg (oder genießt es), dass ihre Begleitung immer wieder verstohlen in ihren Ausschnitt späht und dabei grinst wie ein ungezogener

Lausbub. Erwähnte ich das eine oder andere Mal bereits, dass mir dieses Lächeln geradewegs in »Sie wissen schon, wohin« einfährt?

Eine Frage muss ich mir selbst beantworten: Ist eine, die in allem nur mittelmäßig ist, also lediglich über mittelmäßige Intelligenz verfügt, eigentlich klug genug, zu erkennen, ob sie wirklich nur mittelmäßig ist? Möglicherweise ist sie auch nur nicht brillant genug, herauszufinden, für wen sie das Übermaß aller Dinge ist?

Benedikt ertappt mich beim Grübeln.

»Was ist los, Süße?«, will er wissen.

Ich winde mich ein wenig, dann rücke ich mit meiner Unsicherheit heraus.

»Du hast vielleicht Ideen! Mittelmäßig? Du? Nie und nimmer. Abgesehen davon, dass du von oben bis unten einzigartig bist und das Dazwischen auch nicht zu verachten ist, findest du bei jeder Gelegenheit die richtigen Worte beziehungsweise Laute, egal, ob auf deutsch oder englisch. Du weißt mit brenzligen Situationen umzugehen und mir den Kopf zu verdrehen. Vor allem aber schaffst du es, dass ich dir solche Fragen beantworte. Das mache ich im Allgemeinen nur, wenn *ich* eine Gehirnerschütterung habe.«

Ist er nicht hinreißend, atemberaubend? Und bin ich nicht zu beneiden?

Beide haben wir erneut keine Lust auf den »Drink des Abends«, auf Cocktailkirschen und Schirmchen.

»Weißt du übrigens, warum Schirmchen auf Drinks unnötig sind?«

»Sicher! Weil sonst ein Babyeichhörnchen bei Schlechtwetter ungeschützt heimlaufen muss, wenn wir seinen Regenschutz zweckentfremden«, zwinkert mir Benni schelmisch zu.

Heute bricht er nicht überhastet nach einem Blick auf sein Handy auf. Denn nach North Dakota fliegt er in nächster Zeit nur ein einziges und vorläufig letztes Mal. Und wer weiß, womöglich komme ich mit!? Benedikt regelt dort seine Übergabe. Er wird fortan stärker in den Familienbetrieb eingebunden (sein Vater ist noch rekonvaleszent) und daher eine reduzierte Lehrverpflichtung an der hiesigen Uni annehmen.

Während wir hier so vertraut und entspannt an der Bar hocken, brütet der Bruckmüller'sche Firmenanwalt über den Papieren der »Gärtnerei Zimmermann« und bereitet einen entsprechenden Vertrag vor. Es schaut ganz danach aus, als würden in naher Zukunft nicht allein Liebesbande unsere beiden Familien verbinden.

Meinen Vater machte ich mit Franz Xaver Haugg bekannt, damit Paps aus berufenem Munde erfährt, wie eine »Zusammenarbeit« mit einem Großunternehmen realistisch ausschauen kann. Die beiden verstanden sich auf Anhieb, und nun ist der alte Haugg fixes Mitglied in der sonntäglichen Tarockrunde im Hause Zimmermann. Die war nach dem Tod von Mutters Bruder und dem Trauerjahr meiner Tante lange genug ausgefallen.

Keine Frage, ich habe sichtlich ein Händchen fürs »Verkuppeln«. Und wie! Da können selbst professionelle Partnervermittlungen etwas lernen.

Neben dem Kartenspielerquartett habe ich ja weitere Verbindungen zustande gebracht: »Haugg & Söhne« mit Medical Health International, Oliver Öttinger mit Ruth (da war nicht viel zu tun, außer der jeweils anderen Partei »vertraulich« ein *gewisses* Interesse zu verraten), Gärtnerei Zimmermann mit der Baumarktkette Bruckmüller, seit kurzem Esmeralda mit Jungkook – das bleibt wohl eine *vorwiegend* (weswegen fällt mir da assoziativ ihr mächtiger Busen ein?) spirituelle Verbindung.

Für mich hingegen brauchte es ein »Speed«dating. Fünf mühsame Monate Warterei, zwei Unfälle, eine Polizeikonfrontation plus Tetanusspritze, mehrere eingeschüchterte Kursleiterinnen und verärgerte Trainer, Panikalarm mit anschließender Körperverletzung meines Wunschkandidaten, endlosen Papiertaschentücherverschleiß und Schimpfworttiraden, tausend offene Fragen, einige Handypannen … – »schon« stehst du vor deinem Traumpartner? Echt jetzt? Und dafür kassieren die noch Erfolgsprämien?

Jungkook wollte meine (gespielte) Empörung nicht teilen. Er legte mir gütig die Hand auf den Arm und lächelte weise: »Das Gras wächst nicht schneller, indem man daran zieht.«

Gretl-Omas sanfte Stimme klingt mir im Ohr: »Uschi-Schätzchen, gut Ding braucht Weile.«

Der von mir konsultierte Priester hätte bestimmt Kohelet aus dem Alten Testament zitiert: »Ein jegliches hat seine Zeit, und alles Vorhaben unter dem Himmel seine Stunde.«

Ich formuliere es auf meine Art: »Manchmal muss unsereins eben erst den Brokkoli essen, bevor es das Dessert gibt.«

Dank an Uschi
für den Auftrag zum Solokabarett, auf dem der Roman beruht, und Sonnenschein-Feedback

Dank an Manfred
für Motivation und Lektorat

Dank an Dominik
für Lektorat und Einsichten in die Welt eines Mittdreißigers

Dank an Hans
für Basislayout, Lektorat und vieles mehr

Speziellen Dank an Ilona
für die tollen Grafiken und die fantastische Umsetzung meiner Coveridee

Zur Autorin

Lis Levell

www.lis-levell.com

- ✗ Mehr als 200 großteils veröffentlichte, deutsch- und englischsprachige Songtexte unter dem Pseudonym Lisa Donna-May
- ✗ Pädagogische Fachartikel
- ✗ Ruck Zuck Kochbuch
- ✗ Poetische Prosagedichte
- ✗ Heiter-ironische Kurzgeschichten und Szenen
- ✗ Solokabarett »Freiheit zum Dessert«
- ✗ Lebens- und Liebesromane
- ✗ Kriminalromane

»Die Zusammenarbeit mit DIATVEREMA war von Beginn an herzlich, bereichernd und zielführend. Die Leichtigkeit ihrer Grafiken harmonieren mit dem Text und meine Coveridee wurde unübertrefflich umgesetzt.«

Zur Grafikerin

DIATVEREMA

www.szi-art.com

Eine vielseitige Künstlerin mit Fokus auf die Welt der optischen Eindrücke und deren Wirkung. Ihre wichtigsten kreativen Techniken sind Tusche, Öl, Aquarell, aber auch Ton und Textil im laufenden Experimentieren.

Kunststudien in Budapest und in Wien, wo sie lebt und arbeitet. Einzel- und Gruppenausstellungen, Grafik Publikationen seit 1984 in Budapest, Wien, Schlosshof, Schwechat, Nyiregyháza, Rom ...

»Es war mir eine besondere Freude Lis Levells neuesten Roman zu illustrieren. Beim Lesen und Zeichnen habe ich selten so viel gelächelt, wie bei der Arbeit zu ihrer spritzig amüsanten Geschichte.«

Erste Reihe Achterbahn

Ein Lebens- und Liebesroman

Wer hat nicht schon einmal vergesssen, seinen Weckruf im Handy zu aktivieren, eine flapsige Bemerkung zu viel gemacht, mit einer übervollen Scheibtruhe gekämpft oder einen lang vermissten Socken in einem Tuchentüberzug wiedergefunden?
So gesehen steckt in jeder und jedem von uns ein Stück »Sassi«, über deren überraschende Hoppalas man herzlich lachen kann.
Sassi setzt aber noch eins drauf: Denn, einen Slip beim romantischen Date verführerisch im Kamin unterzuheizen, sich beim Turteln auf dem Badesteg einen lusthemmenden, zentimeterlangen Span einzuziehen oder ihre Socken mit Selbstverständlichkeit zum Aufwischen des verschütteten Kräutertees umzufunktionieren, bleibt dann doch wohl der sympathischen Heldin vorbehalten.
Mit ihrem unverwüstlichen Optimismus, jeder Menge Urvertrauen und unerschütterlicher Zuversicht zeigt sie uns zudem einen Weg, den Fallstricken des Lebens gekonnt zu begegnen und jeden Tag als neue, wunderbare Chance zu sehen.

ISBN Taschenbuch: 978-3-903273-01-6, EURO 12,80
ISBN E-Book: 978-3-903273-02-3, EURO 7,55
Verlag: *edition 2t_Buch*

vitamin•reich & trink•fest

Ein Lebens- und Liebesroman

Gegensätze ziehen sich an? Manchmal nerven sie einfach nur! Wenn beispielsweise die Überzeugungen einer gesundheitsbewussten Inhaberin eines Vollwertladens auf jene eines leichtlebigen Bierlokalbetreibers treffen, bringt das jede Menge Missverständnisse, Vorurteile, Zwistigkeiten, aber auch Selbsterkenntnisse, Sehnsüchte und das Wissen um die eigene Unvollkommenheit mit sich. Denn eigentlich wäre das Dasein der ehemaligen Deutsch- und Biologieprofessorin Christl, die sich mit ihrem Bioladen neu verwirklicht, »vollwertig«. Bis zu jenem Zeitpunkt, als sich Lärm und Ungemach in Person von Richie gegenüber ansiedeln. Was folgt, ist ein kurzweiliger Schlagabtausch zweier kontroversieller Lebensentwürfe mit der Erkenntnis, dass am anderen am meisten stört, was zum eigenen, vollkommenen Glück fehlt.
Es ist nur ein Katzensprung von einer Straßenseite auf die andere, vom vitamin·reich zum trink·fest. Vom ICH zum WIR aber ist es eine aufreibende Reise mit Irrwegen, bei der auch der Humor nicht zu kurz kommt.

ISBN Taschenbuch: 978-3-903273-07-8, EURO 14,80
ISBN E-Book: 978-3-903273-08-5, EURO 9,57
Verlag: *edition 2t_Buch*

Mord auf Krankenkasse

Ein Lebens- und Kriminalroman

Was immer sich Sylvia Scherzer von ihrem wiederholten Aufenthalt im Thermenhotel »Breitner« erwartet hat: Mit dem Wiedersehen eines Jugendfreundes *und* einem Mord hat sie nicht gerechnet. Dass die Tage weder geruhsam noch entspannt verlaufen, ist ihrer Vorliebe für Kriminalgeschichten, einer unternehmungslustigen Kurfreundin und Sylvias innerem Antrieb, das dunkle Fragezeichen in ihrem Leben zu lösen, geschuldet.
Der Krimi vereint Spannung, Humor und überraschende Wendungen am Schauplatz eines Wellnesshotels. Neben flotten Dialogen und geschliffenen Kommentaren besticht die Erzählung durch abwechslungsreiche Charaktere wie schrullige Kurgäste, einen bemühten Hoteldirektor, eine redefreudige Kosmetikerin, einen grobklotzig-genderunwilligen Kommissar mit resoluter Gehilfin sowie drei liebenswerte Hauptfiguren mit all ihren Eigenarten, Brüchen und Sehnsüchten.
So entsteht beim Lesen nicht nur das Vergnügen, den Mörder entlarven zu wollen, sondern auch sich selbst in manchen geschilderten Wesenszügen zu entdecken.

ISBN Taschenbuch: 978-3-903273-05-4, EURO 12,80
ISBN E-Book: 978-3-903273-06-1, EURO 7,55
Verlag: *edition 2t_Buch*

Mord mit Abschlusszeugnis

Ein Kriminalroman

Diesmal ermittelt Hauptkommissar Eckensperger am elitären Schauplatz eines Stiftsgymnasiums, an seiner Seite erneut die emanzipierte, engagierte Mitarbeiterin Nicole »Ich bin kein Fräulein« Sedlacek sowie deren vorwitziger Kollege Sebastian Seiler. Wo täglich mehrere hundert Personen zusammenarbeiten, bleiben Intrigen, Neid, Argwohn, dunkle Machenschaften und Hass nicht aus. Aber wieso trifft es ausgerechnet den unauffälligen, kontaktarmen Chemieprofessor Magister Thanner? Was verschweigt sein dubioser Reisebegleiter? Welche Rolle spielt die Diözese in diesem Fall? Und weiß die resolute Haushälterin Pauline Kratochwil mehr, als sie ohnehin redselig und *spirituosiert* von sich gibt?
Diesen Fragen gehen der Hauptkommissar und sein Team mit vollem Einsatz nach und geraten dabei unter den Druck des Polizeidirektors und in die Mühlen von Politik und Kirche.
Humorvolle Dialoge lassen rasch in die Story und die Suche nach dem Täter oder, wie Nicole Sedlacek zu Recht einfordern würde, der Täterin eintauchen.

ISBN Taschenbuch: 978-3-903273-09-2, EURO 14,80
ISBN E-Book: 978-3-903273-10-8, EURO 9,57
Verlag: *edition 2t_Buch*

Ruck Zuck Kochen

Ein Kochbuch für die schnelle Küche
(in praktischer Ringbindung)

Die Idee war, Gelungenes von Herd und Küche, das rasch und ohne großen Aufwand umzusetzen ist, festzuhalten und jenen zur Verfügung zu stellen, die Zeitersparnis und mühelose Umsetzung bei der Speisenzubereitung ebenfalls schätzen.
Denn Zeitmangel und fehlendes Equipment halten so manche Kochbegeisterte und Gesundheitsbewusste dann doch immer wieder vom Selbstzubereiten ab.
Dem soll mit dem vorliegenden »Ruck Zuck Kochen« entgegengewirkt werden.
Zahlreiche, einfache Rezepte – vom Gruß aus der Küche über Vor-, Haupt- und Nachspeisen bis hin zu Drinks und Konfekt – laden zur raschen Umsetzung ein. Als Inventar werden ein Herd, Backrohr, Backblech, Waage, Messgefäß, ein kleiner und ein großer Topf sowie eine Pfanne, Schneebesen und ein Back-Kochlöffel vorausgesetzt. Bei manchen Rezepten braucht's auch noch mehr. Das ist dann auf der jeweiligen Seite angeführt. Abschließend folgen Erklärungen zu den Abkürzungen und Maßangaben.

ISBN Ringbuch: 978-3-903273-03-0, EURO 9,80
ISBN E-Book: 978-3-903273-04-7, EURO 5,99
Verlag: *edition 2t_Buch*